Jurij Weinblat

Data Envelopment Analysis. Effizienzanalyse auf Basis von Unternehmensbilanzdaten

GRIN Verlag

Bibliografische Information der Deutschen Nationalbibliothek:

Die Deutsche Bibliothek verzeichnet diese Publikation in der Deutschen National-
bibliografie; detaillierte bibliografische Daten sind im Internet über http://dnb.d-
nb.de/ abrufbar.

Impressum:

Copyright © 2011 GRIN Verlag GmbH
Druck und Bindung: Books on Demand GmbH, Norderstedt Germany
ISBN: 978-3-656-55258-1

GRIN - Your knowledge has value

Der GRIN Verlag publiziert seit 1998 wissenschaftliche Arbeiten von Studenten, Hochschullehrern und anderen Akademikern als eBook und gedrucktes Buch. Die Verlagswebsite www.grin.com ist die ideale Plattform zur Veröffentlichung von Hausarbeiten, Abschlussarbeiten, wissenschaftlichen Aufsätzen, Dissertationen und Fachbüchern.

Besuchen Sie uns im Internet:

http://www.grin.com/

http://www.facebook.com/grincom

http://www.twitter.com/grin_com

Universität Duisburg-Essen

Volkswirtschaftslehre, insbesondere Statistik

Bachelorarbeit
Wirtschaftsinformatik

Data Envelopment Analysis-Effizienzanalyse auf Basis von Unternehmensbilanzdaten

Vorgelegt dem Fachbereich Wirtschaftswissenschaften
der Universität Duisburg-Essen von

Jurij Weinblat

abgegeben am 2011-09-26

Studiensemester: 6 (Sommersemester 2011)
Voraussichtlicher
Studienabschluss: Sommersemester 2011

Inhaltsverzeichnis

Abbildungsverzeichnis

Tabellenverzeichnis

Abkürzungs- und Akronymverzeichnis

Danksagungen

Ich bedanke mich bei Prof. Dr. Andreas Behr, der mir in einer kleinen Studentengruppe wichtige Grundlagen zur Data Envelopment Analysis erläutert und mir damit den Einstieg in dieses komplexe Thema erleichtert hat. Fernerhin ermöglichte er es mir diese Arbeit zu einem Zeitpunkt zu beginnen, an dem ich bereits kaum noch andere Verpflichtungen seitens meiner Universität zu erfüllen hatte, sodass ich genügend Zeit für die notwendige Recherche und die Analyse fand. In dieser Zeit stand er mir stets mit Ratschlägen und Hilfestellungen zur Verfügung. Vielen herzlichen Dank!

1. Einleitung und Zielsetzung

In Diskussionen zu wirtschaftlichen Fragestellungen sind der Begriff „Effizienz" und die Frage, wie man die eigene Effizienz ermitteln kann, nahezu allgegenwärtig[1]. Dabei gibt es zahlreiche Gründe für all diese Diskussionen: In Phasen, in denen Unternehmen wirtschaftliche Probleme zu bewältigen haben, scheint die Rationalisierung ein wichtiger Lösungsansatz zu sein[2]. In anderen Fällen sind beispielsweise die Produktionskosten in der Vergangenheit bereits sehr stark gesenkt worden, sodass Effizienzsteigerungen die einzig verbleibende Möglichkeit zur weiteren Optimierung zu sein scheint[3]. Ein andersgearteter Beweggrund liegt hingegen aus Sicht eines regulierenden Staates im Falle von ausbleibenden oder nur eingeschränkt wirkenden Marktkräften vor. Steinmann nennt u.a. natürliche Monopole und den Umgang mit öffentlichen Gütern als Beispiele, in denen staatliches Eingreifen sinnvoll sein kann, wobei die Akteure dazu angeregt werden sollen, ihre Ziele in einer effizienten Art und Weise zu erreichen. Allerdings fehlen dem Regulierer Kenntnisse darüber, unter welchen Bedingungen z.B. das betrachtete Unternehmen als effizient anzusehen ist, sodass es auch in diesem Fall signifikant ist, mithilfe von geeigneten Methoden Effizienzwerte zu ermitteln[4].

Es ist allerdings keineswegs trivial, die angesprochenen Effizienzwerte zu bestimmen. Kennzahlensysteme der Kostenrechnung oder des Controllings sind beispielsweise nur bedingt als Effizienzindikatoren geeignet, da diese nur einen sehr engen Teil der Unternehmensaktivitäten erfassen. Zwecks Vergleichbarkeit müssen weitreichende Anforderungen wie die Nutzung derselben Technologie bei den Vergleichspartnern erfüllt sein[5]. Aus solchen und ähnlichen Überlegungen betrachten viele Autoren die Wahl einer geeigneten Methode zur Effizienzermittlung als ein bedeutsames Problem[6].

Die Data Envelopment Analysis (DEA) wird von Dyckhoff und Allen als eine Methode angesehen, zu der es „...eigentlich keine befriedigenden Alternativen für die Effizienzmessung gibt", was die Autoren dadurch begründen, dass sich diese Methode in der

---

[1] Siehe Wilken (2007), S. 52

[2] Siehe Stiglmayr (2004), S. iii

[3] Siehe Wilken (2007), S. V

[4] Siehe Steinmann (2002), S. 2

[5] Siehe Hoffmann (2006), S. 52

[6] Siehe u.a. Riechmann und Rodgarkia-Dara (2006), S. 205

Praxis bewährt habe[7]. Unabhängig davon, ob die DEA als alternativlos bezeichnet werden kann, hat sie zahlreiche Vorteile wie beispielsweise die Tatsache, dass sie jedes betrachtete Unternehmen nicht an einem beliebigen als optimal angesehenen Unternehmen misst, sondern nur an solchen, die wegen ihres Input/Output-Verhältnisses als vergleichbar angesehen werden können[8]. Doch auch die große Anzahl an verfügbarer Software zur Unterstützung des Anwenders trägt sicherlich zur Relevanz der DEA bei[9]. Wegen dieser weitreichenden Bedeutung der DEA und ihren zahlreichen Potenzialen wird sie in dieser Bachelorarbeit dazu genutzt, um die Effizienz von Unternehmen jeweils innerhalb ihrer Branche zu ermitteln und die Effizienzverteilungen in diesen Branchen miteinander zu vergleichen.

1.1 Vorgehensweise

Wie bereits aus der Einleitung deutlich wurde, behandelt diese Bachelorarbeit die Data Envelopment Analysis und deren Anwendung zum Benchmarking von Wirtschaftsunternehmen unterschiedlicher Branchen.

Doch bevor die DEA dargestellt werden kann, müssen zuerst die notwendigen Grundlagen geschaffen werden. Diesbezüglich ordnet Hoffmann die DEA in die lineare Programmierung, die Produktionstheorie und das Benchmarking ein[10].

So werden zuerst das Verfahren der linearen Programmierung und das Benchmarking beschrieben: So ist die DEA aus mathematischer Perspektive ein Problem der Linearen Programmierung und erfordert deren Algorithmen zur Effizienzberechnung[11]. Das Benchmarking wird aus dem Grunde beschrieben, da dies häufig das Hauptanliegen des Anwenders der DEA darstellt. Zugleich wird erläutert, was in dieser Bachelorarbeit als Produktion verstanden wird und wann eine solche Produktion im Sinne der DEA als effizient gilt.

Nachdem das notwendige Grundlagenwissen vermittelt wurde, wird die DEA oder genauer gesagt das Charnes-Cooper-Rhodes-Modell (CCR-Modell) und das Banker-Charnes-Cooper-Modell (BCC-Modell), die grundlegenden Modelle der DEA[12], aus-

---

[7] Siehe Dyckhoff und Allen, S. 2
[8] Siehe Hoffmann (2006), S. 52
[9] Siehe Ray (2004), S. 1
[10] Siehe Hoffmann (2006), S. 51
[11] Siehe Hoffmann (2006), S. 12
[12] Siehe Ray (2004), S. 1

führlich dargestellt und deren Relevanz verdeutlicht. Außerdem werden beide Modelle auf ein fiktives Beispiel angewandt und das Ergebnis erläutert, damit auch die Anwendungen der Modelle möglichst transparent werden.

Auf dem Grundlagenteil aufbauend werden die Bilanzdaten von Unternehmen dreier unterschiedlicher Branchen auf deren Effizienz untersucht. Dazu werden zuerst diese drei unterschiedlichen Branchen nach bestimmten Kriterien ausgewählt. Daraufhin werden begründet Bilanzpositionen ausgewählt, die den Input und Output der betrachteten Unternehmen repräsentieren. Mittels dieser Position erfolgt nun eine Effizienzanalyse mithilfe der DEA, wobei die Programmiersprache „R"[13] zur eigentlichen Berechnung herangezogen wird. Dabei wird sowohl auf das CCR-Modell als auch auf das BCC-Modell zurückgegriffen und die Ergebnisse jeweils verglichen.

Die zu diesem Zweck notwendige Vorgehensweise wird ebenfalls detailliert geschildert werden, da der Umgang mit dermaßen umfangreichen Datensätzen nicht trivial ist.

Zum Schluss werden die Untersuchungsergebnisse graphisch aufgearbeitet und als Grundlage für den Vergleich der betrachteten Branchen genutzt.

Diese Arbeit basiert, wie bereits implizit erwähnt wurde, auf einer ausführlichen Literaturrecherche und beinhaltet zudem eine analytische Komponente.

Die soeben skizzierte Vorgehensweise wurde im Vorfeld dieser Arbeit mit Prof. Dr. Behr abgestimmt und stellt somit zugleich die Aufgabenstellung dieser Arbeit dar.

---

[13] R ist eine unter der „General Public License" angebotene freie Programmiersprache für statistische Berechnungen und Grafiken, die unter folgender Internetadresse heruntergeladen werden kann: http://www.r-project.org/. Zur Berechnung der DEA-Effizienzen wird das R-Package „Benchmarking" in der Version „0.19" genutzt, dass von Peter Bogetoft und Lars Otto entwickelt wurde. Das Package kann entweder direkt aus R heraus installiert werden oder unter folgender Internetadresse manuell heruntergeladen werden: http://mirrors.softliste.de/cran/web/packages/Benchmarking/index.html. Unter dieser Adresse befindet sich auch eine kurze Beschreibung dieses Packages im pdf-Format. Eine umfassende Beschreibung ist als Buch von den beiden genannten Autoren erschienen: Benchmarking with DEA, SFA, and R; Springer-Verlag, Berlin; 1. Auflage (2010)

2. Einführung in die Problematik

Zum Verständnis der DEA und der sachgerechten Interpretationen der Ergebnisse ist ein bestimmtes Grundlagenwissen erforderlich. Zum einen basiert die DEA auf der linearen Programmierung, sodass zuerst ein kurzer Einblick in dieses Gebiet gegeben wird. Im Anschluss erfolgt die Darstellung des Begriffes der Technologiemenge und des Effizienzbegriffes und damit zwei weitere wichtige Grundlagen der DEA. Zudem wird ein fiktives Beispiel dargestellt, um den Effizienzbegriff daran zu verdeutlichen und die Probleme aufzuzeigen, die entstehen, wenn die Effizienz auf herkömmliche Weise errechnet wird. Dieses Beispiel wird in den folgenden Kapiteln erneut aufgegriffen, um anhand dessen zu zeigen, wie die DEA diese Probleme adressiert. Zum Schluss werden die Grundgedanken des Benchmarkings vermittelt und ein Vorgehensmodell aufgestellt, das die Basis für die eigentliche Effizienzuntersuchung des fünften Kapitels darstellt.

2.1 Grundlagen der lineare Programmierung

Die lineare Programmierung[14] (LP) ist ein Teilgebiet der Mathematik, das in der Unternehmensforschung und im Operations Research eingesetzt wird[15]. Zudem wird die LP zur Lösung betrieblicher Probleme in der Produktion, in der Logistik und in vielen weiteren Bereichen genutzt. Das Hauptanliegen besteht darin, eine lineare Zielfunktion unter bestimmten, ebenfalls linearen, Restriktionen zu optimieren[16]. Die mit der LP erstellten Modelle haben stets genau ein Ziel bzw. genau eine Zielfunktion. Die Besonderheit besteht darin, dass die Restriktionen nicht unbedingt in Gleichungsform, sondern auch als Ungleichungen vorliegen können, weswegen Tietze der LP eine hohe Realitätsnähe zuspricht[17]. Das Adjektiv „linear" bedeutet dabei, dass die gesuchten Variablen sowohl in den Gleichungen als auch in den Ungleichungen höchstens in der ersten Potenz vorkommen können.

---

[14] Auch lineare Optimierung genannt. Siehe Unger und Dempe (2010), S. 1. Korte und Vygen hingegen bezeichnen hingen Instanzen eines linearen Problems als lineares Programm (2008, S. 55)

[15] Siehe Luderer und Würker (2003), S. 199

[16] Siehe Mayer und Weber (2007), S. 169

[17] Siehe Tietze (2005), S. 499

Optimierung bedeutet in diesem Kontext, dass aus den meist unendlich vielen zulässigen Lösungen diejenigen zu bestimmen sind, die dieses Ziel am besten erreichen. Dabei werden Maximierungs- oder Minimierungsprobleme gelöst[18].

Die allgemeine mathematische Notation lässt sich gemäß Chiang auch drei Arten angeben: komplett ausgeschrieben, mithilfe von Summenzeichen und in der Matrixnotation.[19]

An dieser Stelle werden die erste und die letzte Notation aufgeführt, da sie den genutzten DEA-Notationen gleichen. Die Notationen sind hierbei von Luderer und Würker übernommen worden[20]:

$$\left. \begin{aligned} c_1 x_1 + c_2 x_2 + \cdots + c_n x_n &\rightarrow max/min \\ a_{11} x_1 + a_{12} x_2 + \cdots + a_{1n} x_n &\diamond b_1 \\ a_{21} x_1 + a_{22} x_2 + \cdots + a_{2n} x_n &\diamond b_2 \\ &\cdots \\ a_{m1} x_1 + a_{m2} x_2 + \cdots + a_{mn} x_n &\diamond b_m \\ x_1 \ldots x_n &\geq 0 \end{aligned} \right\} \text{Komplett ausgeschriebene Notation}$$

$$\left. \begin{aligned} \vec{c} * \vec{x} &\rightarrow max/min \\ A\vec{x} &\diamond \vec{b} \\ \vec{x} &\geq 0 \end{aligned} \right\} \text{Matrixnotation}$$

Bei beiden Notationen steht das ◇-Zeichen für den „≤", „≥" oder „=" Operator und kann dabei in jeder Restriktionszeile eine andere Bedeutung haben.

In der komplett ausgeschriebenen Notation gibt es n Entscheidungsvariablen $x_1 \ldots x_n$ und m Restriktionen. Gemäß Mayer und Weber werden die aus der Aufgabenstellung hervorgehenden Konstanten $c_1 \ldots c_n$ als Zielfunktionskoeffizienten bezeichnet[21], die angeben, welchen Beitrag die Entscheidungsvariablen zur Zielerreichung haben[22]. Die Zielfunktion der Matrixschreibweise ist dermaßen aufgebaut, dass die Skalarmultiplikation der beiden Vektoren $\vec{c}$ und $\vec{x}$ den Ausdruck der ausgeschriebenen Notation ergeben: $\vec{x} = (x_1 \ldots x_n)^T$ und $\vec{c} = (c_1 \ldots c_n)$.

---

[18] Siehe Luderer und Würker (2001), S. 199-200

[19] Siehe Chiang (1984), S. 661

[20] Siehe Luderer und Würker (2003), S. 202-203

[21] Siehe Mayer und Weber (2007), S. 169

[22] Siehe Luderer und Würker (2003), S. 202

Die einzelnen Restriktionen der komplett ausgeschriebenen Notation beinhalten wiederum die oben genannten Entscheidungsvariablen sowie die Koeffizienten a_{ij} mit i = 1,2,…,m und j =1,2,…,n, die beispielsweise in Produktionskontext angeben, wie hoch der Beitrag des i-ten Produktionsfaktors zur j-ten Produkt ist. In diesem Kontext symbolisieren die $b_1 … b_m$ fernerhin beispielsweise Kapazitätsbeschränkungen[23]. Die letzten Ungleichungen werden dabei als „Nichtnegativitätsbedingungen" bezeichnet[24]. In der Matrixnotation ist $\vec{A}$ eine $n \times m$-Matrix, die sämtliche a_{ij}- Koeffizienten enthält. Auch die Kapazitätsbeschränkungen werden nun als Vektor $\vec{b} = (b_1 … b_m)^T$ notiert.

Nachdem nun die formale Notation dargestellt wurde, wird auf die Lösung solcher linearen Programme eingegangen. Luderer und Würker unterscheiden diesbezüglich zwischen zulässigen und optimalen Lösungen. Erstere ist ein Vektor $\vec{x}$, der sämtliche Restriktionen erfüllt. Eine optimale Lösung $\vec{x}_{opt}$ ist ebenfalls eine zulässige Lösung, wobei jedoch $\vec{c} * \vec{x}_{opt} \geq \vec{c} * \vec{x}$ im Falle einer Maximierung und $\vec{c} * \vec{x}_{opt} \leq \vec{c} * \vec{x}$ im Falle einer Minimierung gelten muss[25].

Zwecks Anschaulichkeit wird nun ein konkretes Beispiel aus der Produktionsprogrammplanung dargestellt und die bisher dargestellten und einige weitere Begriffe auf dessen Grundlage verdeutlicht. Dieses Beispiel basiert auf lediglich zwei Entscheidungsvariablen, weil nur solche linearen Programme grafisch zu lösen sind[26].

Ein Unternehmen stellt zwei Arten hochwertiger Türgriffe her, die das Unternehmen intern als „Typ 1" und „Typ 2" bezeichnet. Die Deckungsbeiträge pro Türgriff betragen 30€ für Typ 1 und 80€ für Typ 2. Der Deckungsbeitrag soll für die betrachtete Planungsperiode von 5 Werktagen maximiert werden. Zur Herstellung dieser Güter werden zwei Maschinen benötigt: eine Stanzmaschine und eine Lackiermaschine. Erstere Maschine steht für die Türgriffproduktion 1440 Minuten lang zur Verfügung und benötigt für Typ 1 9 Minuten und Typ 2 8 Minuten. Die Lackiermaschine kann in dieser Planungsperiode 3780 Minuten genutzt werden und benötigt 27 Minuten für den Türgriff vom Typ 1 und 12 Minuten für Typ 2. Aus Erfahrungen weiß das Unternehmen zudem, dass es nicht möglich ist, mehr als 170 Stück von Typ 1 und 90 Stück vom Typ 2 abzusetzen. In diesem Kontext soll nun das optimale Produktionsprogramm geplant werden.

---

[23] Siehe Zimmermann und Stache (2001), S. 50-51

[24] Siehe Nordmann (2002), S. 9

[25] Siehe Luderer und Würker (2003), S. 204

[26] Siehe Holland und Holland (2008), S. 209

Das zugehörige lineare Programm hat dabei folgende Gestalt:

$$Zielfunktion: 30x_1 + 80x_2 \rightarrow max$$

Restriktionen

$$Stanzmaschine: 9x_1 + 8x_2 \leq 1440$$

$$Lackiermaschine: 27x_1 + 12x_2 \leq 3780$$

$$Absatzrestriktionen: x_1 \leq 170; \; x_2 \leq 90$$

$$Nichtnegativitätsbedingungen: x_1 \geq 0; \; x_2 \geq 0$$

In diesem Beispiel haben die beiden Zielfunktionskoeffizienten die Werte der Deckungsbeiträge und verdeutlichen dabei den Beitrag der Anzahl der produzierten Türgriffe x_1 und x_2 zum Gesamtdeckungsbeitrag. Die Koeffizienten a_{ij} geben hierbei an, wie lange welcher Türgriff die betrachtete Maschine beansprucht. Die Kapazitätsbeschränkungen entsprechen den Betriebszeiten der Maschinen oder den Höchstabsatzmengen im Falle der Absatzrestriktionen. Die Nichtnegativitätsbedingungen sind der Tatsache geschuldet, dass es nicht möglich ist eine negative Anzahl an Türgriffen zu fertigen. Ungeachtet der Tatsache, dass es nicht möglich ist beispielsweise 3,75 Türgriffe von Typ 2 zu fertigen, ist diese sogenannte Ganzzahligkeitsanforderung im Kontext der linearen Optimierung nicht erfüllbar[27], sodass eventuell eine Ergebnisinterpretation notwendig werden kann.

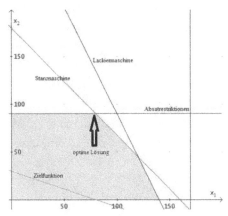

Abbildung 1: Darstellung des Beispiels zur Produktionsprogrammplanung

Quelle: eigene Darstellung

---

[27] Siehe Luderer und Würker (2003), S. 203

In der grafischen Darstellung des Planungsproblems (Abbildung 1) wurden die Nichtnegativitätsbedingungen zwecks Übersichtlichkeit nicht dargestellt. Diese liegen aber auf den beiden Koordinatenachsen. Die Zielfunktion wird gemäß Holland und Holland eingezeichnet, indem sie zuerst gleich einer beliebigen Zahl (hier 2400) gesetzt wird[28]. Der farblich hervorgehobene Bereich beinhaltet dabei sämtliche zulässigen Lösungen des Problems. Die optimale Lösung ergibt sich durch Parallelverschiebung der Zielfunktion nach „rechts oben", sodass die Zielfunktion durch den Schnittpunkt der Absatzrestriktion und der Restriktion der Stanzmaschine verläuft. Dieser Punkt hat die Koordinaten $x_1 = 80$ und $x_2 = 90$ und der resultierende optimale Deckungsbetrag den Wert 30*80+80*90=9600[€], welcher sich durch das Einsetzen der Koordinaten in die Zielfunktion ergibt. Es sei zudem noch gesagt, dass lineare Programme nicht immer eine eindeutige Lösung besitzen und manchmal auch gänzlich unlösbar sind. So gäbe es in diesem Beispiel dann unendlich viele optimale Lösungen, wenn die Restriktion der Stanzmaschine parallel zur Zielfunktion verlaufen würde und somit einen gemeinsamen Bereich mit der Zielfunktion hätte. Keine Lösung gäbe es, wenn man die beiden Maschinenrestriktionen und die horizontale Absatzrestriktion weglassen würde und sich die Zielfunktion beliebig weit verschieben lassen würde[29].

2.1.1 Berechnung optimaler Lösungen

Wenn eine grafische Lösung nicht möglich oder nicht erwünscht ist, werden lineare Programme häufig mithilfe des Simplex-Algorithmus gelöst. Dieser hat den wichtigen Vorteil immer zu einer Lösung zu führen[30]. Da dieser Algorithmus in zahlreichen Lehrbüchern zu den Themen „Wirtschaftsmathematik", „Lineare Optimierung" und „Operations Research" ausführlich beschrieben ist, sollen an dieser Stelle eine Darstellung der Grundgedanken und eine Anwendung am Beispiel genügen.

So ist der Simplex-Algorithmus nicht direkt auf ein Ungleichungssystem, das in einer der im vorherigen Abschnitt beschriebenen Formen vorliegt, anwendbar. Diese müssen gemäß Zimmermann und Stache nämlich zuerst in Gleichungsform umgewandelt werden[31]. Luderer und Würker zeigen zudem, dass sich beliebige Ungleichungssysteme in

---

[28] Siehe Holland und Holland (2008), S. 215

[29] Siehe Luderer und Würker (2003), S. 218-219

[30] Siehe Zimmermann und Stache (2001), S. 48

[31] Siehe Zimmermann und Stache (2001), S. 51

diese Form überführen lassen und geben hierzu ein Vorgehensmodell an[32]: So werden zum Beispiel die erwähnten Ungleichungen durch Einführungen von nichtnegativen Schlupfvariablen zu Gleichungen umgeformt. Das Beispiel des vorherigen Abschnittes würde dem erwähnten Vorgehensmodell zufolge folgendermaßen darzustellen sein:

$$Zielfunktion: -9\tilde{x}_1 - 8\tilde{x}_2 \rightarrow max$$

Restriktionen

$$9\tilde{x}_1 + 8\tilde{x}_2 - u_1 = 810$$

$$27\tilde{x}_1 + 12\tilde{x}_2 - u_2 = 1890$$

$$\tilde{x}_1 \geq 0;\ \tilde{x}_2 \geq 0;\ u_1 \geq 0;\ u_2 \geq 0$$

Wobei gilt

$$x_1 = 170 - \tilde{x}_1$$

$$x_2 = 90 - \tilde{x}_2$$

Nach der Umformung sind die ursprünglich gesuchten Variablen x_1 und x_2 nicht mehr Teil des Gleichungssystems, sodass nach der Anwendung des Simplex-Algorithmus die Werte für $\tilde{x}_1$ und $\tilde{x}_2$ in die beiden unteren Gleichungen zur Berechnung von x_1 und x_2 eingesetzt werden müssen.

Nachdem nun das mathematische Problem in einer geeigneten Form vorliegt, kann der eigentliche Algorithmus angewandt werden. Entsprechend der Beschreibung von Hamacher und Klamroth würde der Algorithmus die Ecken des Bereiches, in denen sich alle zulässigen Lösungen befinden, untersuchen. Dabei ist unter dem Begriff der „Ecke" der Schnittpunkt zwischen zwei Begrenzungen des Lösungspolygons gemeint.[33] Von einer gefundenen Ecke geht der Algorithmus nur dann zur nächsten Ecke über, wenn der Punkt den Zielfunktionswert erhöht oder zumindest gleich lässt. Da es stets endlich viele Eckpunkte gibt, ist auch der Algorithmus endlich[34].

Übertragen auf Abbildung 1 würde der Algorithmus die zu den Ecken gehörenden Koordinaten sozusagen in die Zielfunktion einsetzen, bei jeder Iteration dabei eine Ecke wählen, deren Funktionswert mindestens genauso groß ist die der Funktionswert der vorhergegangenen Iteration und irgendwann bei der Ecke mit den Koordinaten (80, 90) terminieren, da diese den höchstmöglichen Funktionswert produziert.

---

[32] Siehe Luderer und Würker (2003), S. 221-226

[33] Siehe Hamacher und Klamroth (2006), S. 11

[34] Siehe Luderer und Würker (2003), S. 231

Doch es gibt auch die Möglichkeit die optimale Lösung eines vorliegenden Problems auf einfachere Weise zu bestimmen, indem das vorliegende Ungleichungssystem zuerst mithilfe von einfachen Transformationsregeln umgeformt wird. Das entstehende Ungleichungssystem ist daraufhin unter Umständen einfacher zu lösen. Diese Grundidee wird im Kontext von linearer Programmierung als Dualität bezeichnet und wird, wie später deutlich wird, auch im Kontext der DEA angewandt. Um die beiden Ungleichungssysteme voneinander zu unterscheiden wird das ursprünglich gebildete System als primales Ungleichungssystem bezeichnet und deren Transformation als duale Ungleichungssystem. Eine „Rückumformung" ist dabei stets möglich[35]. Zudem zeigen die beiden Autoren Luderer und Würker, dass die Funktionswerte des primalen und dualen Systems gleich sind und dass es möglich ist, durch verhältnismäßig einfache Umformungen von der Lösung des dualen Ungleichungssystems auf die Lösung des Ursprungsproblems zu gelangen[36].

2.2 Der Technologiemengen- und Effizienzbegriff

Nachdem nun die mathematischen Grundlagen der DEA dargestellt wurden, werden nun der Technologiemengen- und Effizienzbegriff der DEA verdeutlicht.

Die mithilfe der DEA durchgeführten Beurteilungen basieren auf einer Technologiemenge[37]. Diese Menge enthält sämtliche möglichen Produktionen, die man mit einem gegebenen technischen Wissensstand realisieren kann[38]. Generell ist unter dem Begriff der Produktion ein Kombinationsprozess zu verstehen, der Input (z.B. Arbeit, Werkstoffe, Betriebsmittel) in Output (z.B. Sachgüter, Dienstleistungen) umwandelt[39]. Jede einzelne Produktion wird dabei durch einen Produktionspunkt $(x_1,...,x_m; y_1,...,y_s)$ im Koordinatensystem repräsentiert, wobei jedes x die Menge des zugehörigen Inputs und jedes y die Outputmenge darstellt[40]. Von der eigentlichen technischen Produktion wird hierbei abstrahiert[41]. Dabei ist die komplette Technologiemenge wegen der Endlichkeit der Menge der betrachteten Unternehmen in der Praxis unbekannt, sodass nur die Mög-

---

[35] Siehe Luderer und Würker (2003), S. 255
[36] Siehe Luderer und Würker (2003), S. 257- S. 258
[37] Siehe Wilken (2007), S. 11
[38] Siehe Cantner et al. (2007), S. 3
[39] Siehe Bloech et al. (2004), S. 4
[40] Siehe Dyckhoff (1994), S. 49
[41] Siehe Steinmann (2002), S. 7

lichkeit besteht, eine relative Technologiemenge zu bilden. Diese unterscheidet sich durch die Tatsache, dass sie sich nicht aus allen möglichen Produktionspunkten, sondern aus den beobachteten Produktionspunkten zusammensetzt und daher auch endlich ist[42].

Wie in der Einleitung dieser Arbeit bereits deutlich wurde, besteht häufig das Interesse, unterschiedliche aber grundsätzlich vergleichbare Produktionen miteinander zu vergleichen. Die Effizienz als „… Gegenüberstellung von Zielerträgen und den zur Erreichung dieser Ziele erforderlichen Mittel"[43] ermöglicht solche Vergleiche, wobei die Produktionsinputs die Mittel und die Outputs die Ziele darstellen. Häufig wird im Kontext des Effizienzbegriffes der Begriffe „Produktivität" genannt. Produktivität ist eine Spezialisierung der Effizienz und beschränkt die Effizienz auf *realen* Input und Output[44]. Signifikant ist in diesem Kontext die Unterscheidung zwischen der totalen und partiellen (Faktor-)Produktivität. Die partielle (Faktor-)Produktivität betrachtet die Produktivität lediglich eines einzelnen Produktionsfaktors, während die totale Produktivität alle Inputs und alle Outputs in die Betrachtung aufnimmt. Letztere Produktivitätsart kommt dabei im Falle der DEA zum Einsatz[45].

Weiterhin ist zur DEA zu sagen, dass diese das Effizienzkonzept von Pareto und Koopmans aufgreift, die Pareto-Koopmans-Effizienz bezeichnet wird[46]. Demnach ist eine Produktion dann als effizient zu bezeichnen, wenn es nicht möglich ist, denn Output einer Produktion zu erhöhen, ohne dabei auch den Input zu steigern oder den Input zu senken, ohne dass dabei ebenfalls der Output verringert wird[47]. Oder mit anderen Worten: Eine Produktion gilt dann als effizient gegenüber einer Anderen, wenn sie in allen Faktoren mindestens genauso gut ist wie die Andere und in mindestens einem Faktor besser[48]. Implizit wurde dadurch gesagt, dass die Intention der Effizienz stets darin besteht, Inputs möglichst zu minimieren und Outputs zu maximieren. Diese effizienten Produktionen als Teilmenge der Technologiemenge befinden sich dabei am Rand der Technologiemenge[49].

---

[42] Siehe Wilken (2007), S. 11

[43] Siehe Cantner et al. (2007), S. 3

[44] Siehe Cantner et al. (2007), S. 3

[45] Siehe Cooper et al. (2007), S. 1 und S. 14

[46] Siehe Wilken (2007), S. 2 und S. 11

[47] Siehe Steinmann (2002), S. 1

[48] Siehe Kleine (2002), S. 20

[49] Siehe Wilken (2007), S. 12

Wegen der bereits erwähnten Problematik, dass in der Praxis meistens mit relativen Technologiemengen gearbeitet wird, ist auch lediglich eine relative Effizienzbestimmung möglich, da es beispielsweise denkbar ist, dass keins der betrachteten Unternehmen wirklich effizient arbeitet[50].

2.2.1 Die klassische Effizienzberechnung

Nachdem nun auf einer sehr abstrakten Ebene der Effizienzbegriff vermittelt wurde, wird nun anhand eines abstrakten Beispiels dargestellt, wie die Effizienz ursprünglich und damit ohne die Nutzung der DEA berechnet wurde.

	Uni 1	Uni 2	Uni 3	Uni 4	Uni 5	Uni 6
Professoren	150	220	180	190	200	250
Wiss. MA.	1000	1100	1100	1050	1200	1400
Bachelor	20000	25000	21000	21000	23000	30000
Master	5000	6000	5100	5200	5500	8000

Tabelle 1: Fiktives Universitätsbeispiel

Tabelle 1 zeigt sämtliche Universitäten[51] eines fiktiven Bundeslandes. Alle Universitäten bekommen als „Inputs" Professoren und wissenschaftliche Mitarbeiter[52]. Den „Output" bilden Bachelor- und Masterabsolventen des betrachteten Jahres. Es wird zwecks Anschaulichkeit davon abstrahiert, dass Universitäten auch weitere Inputs wie z.B. finanzielle Mittel erhalten und zudem Outputs wie Forschungsergebnisse produzieren.

Gemäß Cooper et al. wird Effizienz gewöhnlich als Quotient aus Output und Input definiert[53]. Demzufolge gilt für die partielle Faktorproduktivitäten, die Professoren als „Input" und Bachelorabsolventen als „Output" betrachten, für die Universitäten drei und vier[54]:

$$Effizienz(Uni\ 3) = \frac{21000\ BAbsolventen}{180 Professoren} = 116\frac{2\ BAbsolventen}{3\ Professoren}$$

$$Effizienz(Uni\ 4) = \frac{21000\ BAbsolventen}{190\ Professoren} = 110\frac{10\ BAbsolventen}{19\ Professoren}.$$

[50] Siehe Allen (2002), S. 43
[51] Bezeichnet mit „Uni 1" bis „Uni 6"
[52] Bezeichnet mit Wiss. MA.
[53] Siehe Cooper et al. (2007), S. 1
[54] Die anderen Universitäten werden vorerst nicht betrachtet

Demzufolge ist die dritte Universität effizienter als die Vierte, da sie den höheren Effizienzwert hat. Abbildung 1 verdeutlicht diesen Sachverhalt. Die dortige Gerade ist eine homogene lineare Funktion, die durch den Produktionspunkt (180; 21000) verläuft und somit die Steigung $116\frac{2}{3}$ besitzt, die der Effizienz der dritten Universität entspricht. Diese Funktion bildet den im vorherigen Abschnitt erwähnten effizienten Rand der aus den beiden Universitäten bestehenden Technologiemenge[55]. Auch der Produktionspunkt der vierten Universität (190; 2100) ist eingezeichnet, der unterhalb der linearen

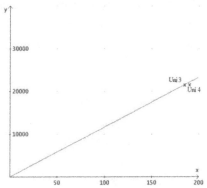

Abbildung 2: Effizienzvergleich beider Beispieluniversitäten

Quelle: eigene Darstellung

Funktion liegt. So wird nun deutlich, dass es angesichts der „Produktion" der dritten Universität möglich wäre, dass die vierte Universität dieselbe Anzahl an Bachelorabsolventen mit weniger Professoren oder bei gleichbleibender Professorenanzahl $116\frac{2}{3} * 190 \approx 22167$ Bachelorabsolventen und damit 1167 mehr „produziert". Aus diesen Überlegungen ist die vierte Universität nicht effizient[56].

Um die Effizienzwerte der beiden Universitäten miteinander vergleichen zu können und als zusätzlichen Vorteil auch eine einheitslose Größe zu erhalten, schlagen Cooper et al. vor, einen Quotienten mit dem Dividenden Effizienz(Uni 4) und dem Divisor Effizienz(Uni 3) zu bilden, was zu einem Ergebnis von etwa 0,95 führt. Dieser Wert liegt immer zwischen null und eins (inklusive der Grenzen), wobei ein Wert von eins auf ein

---

[55] Siehe auch Cooper et al. (2007), S. 3

[56] Gemäß Cooper et al. (2007, S. 4) erfordert ein solches Vorgehen die Annahme konstanter Skalenerträge, unter der eine z.b. eine Verdopplung des Inputs auch den Output verdoppelt wird (Zweifel und Heller 1997, S. 105)

effizientes Unternehmen hindeutet[57]. Multipliziert man das Ergebnis mit 190 (dem Input der vierten Universität), erhält man abgesehen von Rundungsfehlern 180. Mit dieser Anzahl von Professoren wäre die vierte Universität effizient, weshalb sich das Ergebnis auch als eine Handlungsempfehlung deuten lässt[58].

Die Autoren bemängeln allerdings an einer solchen Berechnung die implizite Annahme, dass der betrachtete Output vollständig dem betrachteten Input zugerechnet wird. In diesem Fall bedeutet das, dass die wissenschaftlichen Mitarbeiter in keinster Weise bei der Ausbildung mitgewirkt haben und auch die Professoren beispielsweise die gleiche Menge an Zeit in die Ausbildung der Masterabsolventen investiert haben. Wenn in den betrachteten Hochschulen die wissenschaftlichen Mitarbeiter stärker in die Betreuung der Bachelorabsolventen eingebunden sind, während sich Professoren hauptsächlich um die Masterabsolventen kümmern, ist es sogar sinnvoller, die vierte Universität als die Effizientere der beiden Hochschulen zu betrachten.

Um diesem beschriebenen Zurechnungsproblem zu entgehen, empfehlen die Autoren die Berechnung der totalen Faktorproduktivität. Dadurch entstehen jedoch neue Probleme, die mit der Wahl der Gewichtung der Inputs und Outputs zusammenhängen[59].

Zur Veranschaulichung werden die beiden Universitäten drei und vier erneut anhand ihrer Effizienz verglichen. Dabei wird die Annahme getroffen, dass ein Professor vier Mal mehr Anteil am Output hat als ein wissenschaftlicher Mitarbeiter. Die Masterabsolventen werden doppelt so hoch gewichtet wie die Bachelorabsolventen, weil diese per Annahme eine doppelt so umfassende Betreuung benötigen. Aus Platzgründen wird dabei auf Einheiten verzichtet.

$$Effizienz(Uni\ 3) = \frac{21000 * 1 + 5100 * 2}{180 * 4 + 1100 * 1} = 17\frac{1}{7}$$

$$Effizienz(Uni\ 4) = \frac{21000 * 1 + 5200 * 2}{190 * 4 + 1050 * 1} = 17\frac{63}{181}$$

$$\frac{17\frac{1}{7}}{17\frac{63}{181}} \approx 0,99$$

Bei der Betrachtung der totalen Faktorproduktivität zeigt sich, dass nach dieser Rechnung die vierte Universität nun etwas effizienter ist, als die Dritte. Jedoch ist dieses Ergebnis sehr stark abhängig von der Gewichtung: Je stärker die Masterabsolventen ge-

---

[57] Siehe Cooper et al. (2007), S. 4

[58] Siehe Cooper et al. (2007), S. 10

[59] Siehe Cooper et al. (2007), S. 10

wichtet werden, desto effizienter wird beispielsweise die vierte Universität. Würde man auf diese Weise tatsächlich Universitäten beurteilen, würden die „Verlierer" zurecht die Willkür der Gewichtungen kritisieren: So schwankt es sicherlich von Universität zu Universität, wie viel Zeit die beiden Absolventengruppen jeweils benötigen. Auch der Beitrag der Professoren zur Studentenausbildung schwankt sicherlich ebenfalls. Da allerdings beide Hochschulen mithilfe derselben Gewichtungen verglichen werden, werden diesen Schwankungen nicht berücksichtigt. Doch selbst wenn die Bereitschaft besteht, bei jeder Universität individuelle Gewichte anzuwenden, werden „realitätsnahe" Gewichte wohl kaum zu ermitteln sein. In diesem Kontext erscheint es angebracht, auf eine derartige Gewichtung zu verzichten und stattdessen für jede Universität mithilfe einer transparenten Methode die Gewichte zu ermitteln, die diese Universität „ins beste Licht rücken" und sie daher maximal effizient erscheinen lassen. Ist die Universität dann immer noch ineffizient, kann deren Verwaltung nicht mehr den Vorwurf erheben, ungerecht bewertet worden zu sein. Genau auf dieser Grundidee basiert die DEA[60].

2.3 Der Benchmark-Begriff

Nachdem nun die Grundgedanken der linearen Programmierung und der Effizienzbegriff dargestellt wurden, muss noch gemäß Hoffmann das Benchmarking dargestellt werden, da die DEA untrennbar damit in Verbindung steht[61]. Dazu wird das Benchmarking in seinen Grundzügen beschrieben und anschließend ein Vorgehendmodell entwickelt, dass im Hauptteil dieser Arbeit für den Branchenvergleich angewandt wird.

Das Wort „Benchmark" setzt sich aus den beiden englischen Wörtern „Bench" (= Sitz-/Werkbank) und „Mark" (= Markierung, Bewertung) zusammen und wird von Westermann als „Referenzpunkt eines gemessenen maximal erreichten Wertes" verstanden. Das „Benchmarking" hingegen stellt den systematischen Vergleich bestimmter Erfolgsparameter in den Vordergrund. Dieser Vergleich kann dabei unter anderem auf Unternehmensbereichsebene oder zwischen mehreren Unternehmen erfolgen[62]. Das Benchmarking stellt also im Gegensatz zum Benchmark den Methodengedanken in den Vordergrund. Diese Methode muss regelmäßig angewandt werden und identifiziert sogenannte „best practices"[63] oder mit anderen Worten die soeben erwähnten Referenz-

---

[60] Siehe Cooper et al. (2007), S. 13

[61] Siehe Hoffmann (2006), S. 51

[62] Siehe Westermann (2009), S. 317

[63] Siehe Puschmann (2000), S. 19

punkte. Puschmann fasst die Idee des Benchmarkings folgendermaßen zusammen: „Es geht [...] um die gezielte Identifikation des „Klassenbesten" bzw. der besten Praktiken."[64].

Nachdem der erwähnte Referenzpunkt ermittelt wurde, können die dabei als erfolgreich angenommenen Ansätze der Referenzunternehmen kopiert werden. Dies ist mit einem geringeren Risiko verbunden, als selbständig neue Konzepte zu erarbeiten und mit der Gefahr des Scheiterns auszuprobieren. Ziel ist es also, in der Praxis bewährte Verbesserungspotenziale zu erkennen und z.B. im eigenen Unternehmen umzusetzen[65].

Dabei gibt es vier unterschiedliche Benchmarking-Formen: Das Wettbewerbs-Benchmarking, das funktionale, interne und das generische Benchmarking. Der in dieser Arbeit durchgeführte Benchmark entspricht dabei dem Wettbewerbs-Benchmarking, weil hierbei entsprechend der Forderungen Klaus und Krieger ein Vergleich mit direkten Marktkonkurrenten erfolgt. Als Vorteile dieser Form nennen die Autoren eine hohe Vergleichbarkeit und merken an, dass bei solchen Vergleichen die Marktteilnehmer oft nicht bereit sind, ihre eigenen Daten zur Verfügung zu stellen[66]. Dieses Problem besteht bei dieser Bachelorarbeit nicht, da die Daten durch das Unternehmen „Bureau van Dijk Electronic Publishing GmbH" zur Verfügung gestellt wurden.

2.3.1 Das Vorgehensmodell dieser Arbeit

Nachdem nun die Grundgedanken des Benchmarkings erläutert wurden, wird nun ein Vorgehensmodell entwickelt, das der in dieser Arbeit angestrebten Effizienzanalyse als Grundlage dienen wird. Als Ausgangspunkte dienen dabei die Ausführungen von Klaus und Krieger[67] und dem Wirtschaftslexikon[68]. Aufgrund der Zielsetzung der Effizienzanalyse unterschiedlicher Branchen erfordern die beiden referenzierten Vorgehensmodelle jedoch noch Anpassungen. Ein weiterer Anpassungsgrund ist die Tatsache, dass der in dieser Arbeit angestrebte Benchmark nicht aus der Perspektive eines Marktteilnehmers erfolgt, der das Ziel verfolgt, für sich nachahmenswerte Praktiken zu erkennen.

[64] Siehe Puschmann (2000), S. 24
[65] Siehe Thau (2009), S. 23
[66] Siehe Klaus und Krieger (2008), S. 48
[67] Siehe Klaus und Krieger (2008), S. 49 - S. 51
[68] Siehe Das Wirtschaftslexikon (2011a)

Abbildung 3: Vorgehensmodell der Effizienzanalyse dieser Arbeit

Quelle: eigene Darstellung

Abbildung 3 visualisiert das Vorgehensmodell des in dieser Arbeit durchgeführten Benchmarks, dass sich aus drei Phasen zusammensetzt.

So wird in der **Zieldefinition und Voranalyse** wird zuerst das Benchmarkingziel definiert, aus dem dann die durchzuführenden Aktionen abgeleitet werden. Zudem wird nach bestimmten Kriterien festgelegt, welche der möglichen Branchen miteinander verglichen werden. Die Unternehmen in der jeweils betrachteten Branche bilden die Menge der Benchmarkobjekte, wobei die erwähnte Differenzierung nach Branchen den Vergleichbarkeitsanspruch Rechnung trägt.

Nun folgt die Phase des **quantitativen Benchmarkings**, in der die eigentliche DEA angewandt wird. Dazu werden zuerst sinnvolle Inputs und Outputs ausgehend von den verfügbaren Unternehmensdaten ermittelt.

Nachdem die Parameter der DEA feststehen, müssen Kriterien gefunden werden, mit deren Hilfe Unternehmen aus der Betrachtung ausgeschlossen werden[69] (Plausibilitätsprüfung).

Für die verbleibenden Unternehmen werden die DEA-Effizienzwerte errechnet. Gemäß der Benchmarkterminologie ist die Effizienz die betrachtete Zielgröße. Das Wirtschaftslexikon bezeichnet in diesem Kontext Input/Output-Relationen als ein geeignetes Messkriterium und die DEA als eine adäquate Methode zur Effizienzbestimmung. Zudem nennt es Jahresabschlüsse als eine Quelle für quantitative Vergleiche. Eine Erhebung der Unternehmensdaten entfällt, da diese dem Autor dieser Arbeit zur Verfügung gestellt wurden. Nachdem sämtliche Effizienzwerte der Unternehmen berechnet wurden, werden pro Branche die sogenannten „Best Performer" hervorgehoben.

Die dritte und letzte Phase wird als **Ergebnisvisualisierung** bezeichnet und umfasst einerseits die grafische Darstellung der Effizienzverteilungen der einzelnen Branchen und andererseits einen Vergleich zwischen den Verteilungen der einzelnen Branchen.

---

[69] Mögliche Gründe wären z.b. die Beendigung der wirtschaftlichen Aktivitäten des Unternehmens

Eine Ermittlung von Verbesserungsvorschlägen für bestimmte Unternehmen oder Unternehmensgruppen ist hingegen nicht Teil dieser Arbeit.

3. Die Data Envelopment Analysis

Bevor jedoch das soeben vorgestellte Vorgehensmodell angewandt wird, muss zuerst noch die Methode dargestellt werden, die zur Berechnung der Effizienzwerte genutzt wird: Die Data Envelopment Analysis.

Dazu wird zuerst das mathematische Grundmodell der DEA aufgeführt und erklärt. Im Anschluss werden die wichtigsten Annahmen erläutert, die der DEA zugrunde liegen. Daraufhin wird die Annahme konstanter Skalenerträge aufgegeben und das Banker-Charnes-Cooper-Modell vorgestellt, dass diese Annahme nicht mehr erfordert. Dieses Modell wird im folgenden Kapitel ebenfalls zum Einsatz kommen. Zum Schluss erfolgt eine Gegenüberstellung der Vor- und Nachteile des Grundmodells sowie dessen Anwendung auf die fiktiven Beispieluniversitäten aus der Tabelle 1.

Gemäß Dyckhoff und Allen ist die DEA „… eine Modellfamilie zur Messung der relativen Effizienz von Entscheidungseinheiten mittels Techniken der Linearen Programmierung"[70]. Dabei wird in der Literatur statt des Begriffes der „Entscheidungseinheit" häufiger die Bezeichnung „Decision Making Unit" (DMU) verwendet. So sind DMUs die betrachteten Einheiten der DEA, deren Aufgabe es ist, ihre Inputs in Outputs umzuwandeln[71]. Alle DMUs müssen auf ähnlichen Inputs und Outputs basieren. Der Grund für eine dermaßen weite Definition ist die angestrebte breite Anwendbarkeit des Modells, das durch die Erfinder zuerst nur für den Non Profit-Sektor angedacht war[72] und im weiteren Zeitverlauf ebenfalls auf Banken, Krankenhäuser und viele weitere Unternehmenstypen angewandt wurde[73]. Zur korrekten Einordnung ist noch zu sagen, dass die DEA zu den Output-/Inputbasierten Verfahren der relativen Effizienzmessung gehört und fernerhin bei den nicht-parametrischen Verfahren einzuordnen ist. Dabei steht eine sogenannte Randproduktionsfunktion im Vordergrund, wohingegen keine Annahmen über den „wahren" Produktionszusammenhang getroffen werden müssen[74].

---

[70] Siehe Dyckhoff und Allen, S. 1
[71] Siehe auch Cooper et al. (2007), S. 22
[72] Siehe Charnes et al. (1978), S. 429
[73] Siehe Dyckhoff und Allen, S. 1
[74] Siehe Wilken (2007), S. 27-29

3.1 Das Charnes-Cooper-Rhodes-Modell

Das nach Ihren Erfindern Charnes, Cooper und Rhodes benannte CCR-Modell bildet die Grundlage der DEA-Modellfamilie[75], das nach der Einordnung im vorherigen Abschnitt nun vorgestellt werden soll. Die Autoren definierten dieses grundlegende mathematische DEA-Modell durch folgendes **Quotientenprogramm**[76]:

$$\max_{v,u} \theta_o = \frac{u_1 y_{1o} + u_2 y_{2o} + \cdots + u_s y_{so}}{v_1 x_{1o} + v_2 x_{2o} + \cdots + v_m x_{mo}}$$

Unter Beachtung folgender Restriktionen:

$$\frac{u_1 y_{1j} + \cdots + u_s y_{sj}}{v_1 x_{1j} + \cdots + v_m x_{mj}} \le 1 \; (j = 1, \dots, n)$$

$$v_1, v_2, \dots, v_m \ge 0; \; u_1, u_2, \dots, u_s \ge 0$$

Genau wie im Abschnitt 2.2.1 eingeführt wird auch bei der DEA die Effizienz als Quotient aus Output und Input errechnet, wobei im Kontext der DEA diese Größen als virtuellen Input und Output bezeichnet werden[77]. Die $v_1, \dots, v_m$ entsprechen in diesem Modell den Gewichten der Inputs und die $u_1, \dots, u_s$ den Gewichte der Outputs, die den Gewichtungen aus Abschnitt 2.2.1 entsprechen. Diese Gewichte werden bei der DEA auch als „Schattenpreise" bezeichnet, die nicht mit den absoluten Preisen gleichzusetzen sind. Aus diesem Grund kann nicht behauptet werden, dass nur DMUs mit dem Effizienzwert eins keine Verluste erwirtschaften. Ganz im Gegenteil erlaubt die DEA ausdrücklich keine Aussagen über Gewinne und Verluste der betrachteten Vergleichsobjekte[78].

Entsprechend des Abschnitts 2.2 sind $x_{1j} \dots x_{mj}$ die Inputs und $y_{1j} \dots y_{sj}$ die Outputs, sodass jedes der insgesamt betrachteten n DMUs in diesem Modell m Inputs und s Outputs unterstellt werden. Cooper et al. zeigen, dass aus dem Verhältnis beispielsweise aller Inputgewichte ermittelt werden kann, welche Inputs besonders stark die DEA-Effizienz der betrachteten DMU beeinflussen. Diese Überlegungen gelten ebenfalls für die Gewichte der Outputs[79].

Entgegen der Notation von Cooper et al. wurde das θ, das den zu bestimmenden Effizienzwert darstellt, mit dem Index „o" versehen, um dessen Zugehörigkeit zu der DMU_o

---

[75] Siehe Ray (2004), S. 1

[76] Siehe Cooper et al. (2007), S. 23

[77] Siehe Cooper et al. (2007), S. 22

[78] Siehe Hoffmann (2006), S. 36

[79] Siehe Cooper et al. (2007), S. 28

zu verdeutlichen[80]. Dieser Effizienzwert liegt im Intervall $0 \leq \theta_o \leq 1$, wobei der Wert eins effiziente DMUs kennzeichnet[81].

Insgesamt müssen bei DEA-Benchmarks n solcher Quotientenprogramme aufgestellt und (wie im Abschnitt 2.1.1 angedeutet) z.b. mit dem Simplex-Algorithmus gelöst werden. Betrachtet man also beispielsweise 20 Unternehmen, sind entsprechend 20 Quotientenprogramme zu lösen.

Die Variablen dieser Programme sind dabei die Gewichte $v_1, \dots, v_m$ und $u_1, \dots, u_s$ deren Werte zur Lösung so zu wählen sind, dass das θ_o maximal wird. Die Restriktionen schreiben allerdings vor, dass keines der DMUs bei diesen Gewichtswerten einen größeren Effizienzwert als eins annehmen darf und keines der Gewichtswerte negativ sein darf[82]. Ziel eines solchen Ansatzes ist es, jeder DMU ihren höchstmöglichen Effizienzwert zu ermitteln, um sie dadurch „... nach ihren Möglichkeiten im besten Licht (Best-Case Philosophie) darzustellen"[83]. Warum dies sinnvoll sein kann, wird im Abschnitt 3.1.2 erklärt.

Wichtig ist zu ergänzen, dass das aufgeführte Quotientenprogramm nicht eindeutig lösbar ist: Hat man eine Kombination von Gewichten ermittelt, die das Quotientenprogramm löst, sind sämtliche positiven Vielfachen auch gültige Lösungen. Um dieses Problem zu adressieren, wird der Nenner des zu maximierenden Quotienten auf eins normiert[84] und wie von Cooper et al. gezeigt umgewandelt, sodass folgendes **lineare Programm** entsteht[85], auf das auch der Simplex-Algorithmus (nach weiteren, im Abschnitt 2.1.1 angesprochenen, Umformungen) angewandt werden kann:

$$\max_{\mu,v} \theta_o = \mu_1 y_{1o} + \cdots + \mu_s y_{so}$$

Unter Beachtung folgender Restriktionen:

$$v_1 x_{1o} + \cdots + v_m x_{mo} = 1$$

$$\mu_1 y_{1j} + \cdots + \mu_s y_{sj} \leq v_1 x_{1j} + \cdots + v_m x_{mj} \quad (j = 1, \dots, n)$$

$$v_1, v_2, \dots, v_m \geq 0; \ \mu_1, \mu_2, \dots, \mu_s \geq 0$$

---

[80] Vgl. Wilken (2007), S. 36

[81] Siehe Banker et al. (1984), S. 1079

[82] Siehe Cooper et al. (2007), S. 23

[83] Siehe Hoffmann (2006), S. 36

[84] Siehe Hoffmann (2006), S. 36-37

[85] Siehe Cooper et al. (2007), S. 24

Um das CCR-Modell beispielsweise einfacher in Software umwandeln zu können, wird es in der Literatur oft auch in der **Vektorschreibweise** angegeben[86]. Da diese Darstellung ebenfalls im Abschnitt zur linearen Programmierung vorgestellt wurde, wird nun auch das CCR-Modell in diese Darstellung aufgeführt:

$$\max_{\vec{\mu}} \theta_o = \vec{\mu} * \vec{y}_0$$

Unter Beachtung folgender Restriktionen:

$$\vec{v} * \vec{x}_0 = 1$$

$$\vec{\mu} * \vec{Y} \leq \vec{v} * \vec{X}$$

$$\vec{\mu}, \vec{v} \geq 0$$

So beinhalten nun die Vektoren $\vec{\mu} = (\mu_1, \ldots, \mu_s)^T \in \mathbb{R}^s$ und $\vec{v} = (v_1, \ldots, v_m)^T \in \mathbb{R}^m$ sämtliche Gewichte. $\vec{x}_k = (x_{k,1}, \ldots, x_{k,m})^T \in \mathbb{R}^m$ und $\vec{y}_k = (y_{k,1}, \ldots, y_{k,m})^T \in \mathbb{R}^s$ mit $k = 1, \ldots, n$ umfassen alle Inputs bzw. Outputs der k-ten DMU. Die Matrizen $\vec{X} = (x_1, \ldots, x_n) \in \mathbb{R}^{m \times n}$ und $\vec{Y} = (y_1, \ldots, y_n) \in \mathbb{R}^{s \times n}$ heißen Input- bzw. Outputdatenmatrix und beinhalten sämtliche Inputs bzw. Outputs aller betrachteten DMUs[87].

Die bisher beschriebenen mathematischen Modelle werden oft auch als Multiplier-Form bezeichnet[88] und können, wie im Abschnitt 2.1.1 angesprochen, aus einer mathematischen Perspektive als das primale Programm angesehen werden. Das dazu **duale Programm** (auch als **Envelopment-Form** bezeichnet) kann gemäß Cooper et al. folgendermaßen notiert werden[89]:

$$\min_{\theta_o, \vec{\lambda}} \theta_o$$

Unter Beachtung folgender Restriktionen:

$$\theta_o * \vec{x}_0 - \vec{X}\vec{\lambda} \geq 0$$

$$\vec{Y}\vec{\lambda} \geq \vec{y}_0$$

$$\vec{\lambda} \geq 0$$

Der neu eingeführte Vektor $\vec{\lambda} = (\lambda_1, \ldots, \lambda_n)^T \in \mathbb{R}^n$ gibt dabei an, mit welchem Gewicht die jeweiligen DMUs in die Berechnung des Referenzpunktes für die DMU_o eingehen, wobei die durch diesen Punkt symbolisierte (fiktive) DMU mindestens genauso viel

---

[86] Vgl. Wilken (2007), S. 36

[87] Siehe Cooper et al. (2007), S. 22

[88] Vgl. Wilken (2007), S. 38

[89] Vgl. Wilken (2007), S. 43 (Hier finden sich zudem auch die Beziehungen zwischen der primalen und dualen Form)

Output produziert und dafür höchstens genauso viel Input benötigt wie die betrachtete DMU_o[90].

Dabei gibt es einige Gründe das duale Problem zusätzlich zu dem primalen Problem zu betrachten. Zum einen es rechentechnisch einfacher, das duale Problem zu lösen[91], da es meistens weniger Nebenbedingungen aufweist. Als vorteilhaft erweist sich zudem, dass beide Probleme im Optimum dieselben Werte annehmen[92]. Zudem erweitert die Betrachtung des dualen Ungleichungssystems die Möglichkeiten der Ergebnisinterpretation, da der bereits angesprochene Referenzpunkt in den Mittelpunkt gerückt wird[93]. Dyckhoff und Allen zeigen diesbezüglich, durch welche Rechnung es möglich ist, aus dem Referenzpunkt Aussagen darüber abzuleiten, auf welche Weise die betrachtete DMU effizient werden kann[94].

Nachdem nun die Grundlagen des CCR-Modells dargestellt wurden, muss nur noch verdeutlicht werden, unter welchen Bedingungen eine DMU als effizient angesehen werden kann. Beispielhaft wird dies anhand der Multiplier-Form erläutert: Gemäß Cooper et al. gilt DMU_o genau dann als effizient, wenn zugleich $\theta_o = 1$ gilt und es mindestens eine Lösung für $\vec{v}$ und $\vec{\mu}$ gibt, bei dem alle Komponenten dieser beiden Vektoren größer als null sind[95]. Gilt zwar die erste Bedingung aber nicht die Zweite, ist zu überprüfen, ob leichte Erhöhungen der Vektorkomponenten, deren Wert null ist, die Effizienz verringert. Ist dies nicht der Fall, ist DMU_o trotzdem DEA-effizient[96].

Hoffmann wählt einen etwas anderen Ansatz zur Erläuterung der DEA-Effizienz und bezeichnet DMU_o genau dann als effizient, wenn es keiner anderen der betrachteten DMUs gelingt, bei denselben Schattenpreisen einen höheren Effizienzwert zu erzielen[97]. In allen anderen Fällen ist eine DMU_o als ineffizient anzusehen[98] und kann folglich bei gleichbleibendem Input den Output erhöhen oder mit derselben Menge an Input einen

---

[90] Siehe Schefczyk (1996), S. 170-171

[91] Siehe Cooper et al. (2007), S. 24

[92] Siehe Hoffmann (2006), S. 39

[93] Siehe Wilken (2007), S. 38

[94] Siehe Dyckhoff und Allen, S. 16

[95] Siehe Cooper et al. (2007), S. 24

[96] Siehe Cooper et al. (2007), S. 29

[97] Siehe Hoffmann (2006), S. 35

[98] Siehe Cooper et al. (2007), S. 25

höheren Output produzieren. Die Diskussion des Effizienzbegriffes der Envelopment-Form ist ebenfalls bei Cooper et al. auffindbar[99].

Nach der Erläuterung der DEA-Effizienz kann nun der bereits in diesem Abschnitt genutzte Begriff „Referenzpunkt" ebenfalls erklärt werden. Hat es sich nämlich herausgestellt, dass selbst bei der Wahl der günstigsten Gewichte von DMU_o für ihre Effizienz immer noch $\theta_o < 1$ gilt (und diese DMU_o demnach ineffizient ist), dann muss für mindestens eine der Restriktionen der Multiplier-Form gelten[100]:

$$\mu_1 y_{1j} + \cdots + \mu_s y_{sj} = v_1 x_{1j} + \cdots + v_m x_{mj}$$

Alle DMUs, deren virtueller Input nun gleich ihrem virtuellen Output ist, bilden nun die Referenzpunkte für die DMU_o[101].

3.1.1 Annahmen des Charnes-Cooper-Rhodes-Modells

Bevor die DEA im nächsten Kapitel zur Anwendung kommt, müssen zuvor zumindest die wichtigsten Annahmen von ihr thematisiert werden. Im Anschluss dieser Arbeit werden diese Annahmen dazu genutzt, die Ergebnisse des vierten Kapitels kritisch zu hinterfragen, sodass eine Wertung dieser Annahmen an dieser Stelle noch nicht erfolgen wird. Um die anschließende Referenzierung zu vereinfachen, werden alle hier genannten Annahmen nummeriert.

Dyckhoff und Allen thematisieren in ihrer Veröffentlichung einige Grundannahmen der DEA. So fordern die beiden Autoren, dass (1) alle betrachteten DMUs dieselben Inputs und Outputs nutzen, sodass diesbezüglich eine Vergleichbarkeit gegeben ist. (2) Zudem dürfen diese Inputs und Outputs von jeder DMU nur in nichtnegativen Mengen vorliegen. (3) Zwecks der bereits erwähnten Vergleichbarkeit ist es ebenfalls von Bedeutung, dass alle Produktionen der betrachteten DMUs auf derselben Technologiemenge basieren, wie sie in Abschnitt 2.2 beschrieben wurde. (4) Zudem muss es im Hinblick auf die Effizienz gelten, dass eine Reduktion des Inputs oder eine Erhöhung des Outputs ceteris paribus stets als erstrebenswert gilt[102]. Cooper et al. fügen fernerhin hinzu, dass (5) das CCR-Modell nur bei konstanten Skalenerträgen eingesetzt werden darf: Das bedeutet

---

[99] Siehe Cooper et al. (2007), S. 45

[100] Gebe es nämlich keine solche Restriktion, bei der die linke Seite gleich der rechten Seite ist, so ließen sich bestimmte Outputgewichte/Inputgewichte noch weiter steigern/senken und wären damit nicht optimal, was jedoch ausgeschlossen wurde

[101] Siehe Cooper et al. (2007), S. 25

[102] Siehe Dyckhoff und Allen, S. 9

aus praktischen Gesichtspunkten, dass es stets möglich sein muss von der Produktion einer jeden DMU auch beliebige positive Vielfache zu bilden und diese Vielfache stets auch mögliche Produktionen darstellen. Ebenfalls muss es stets möglich sein (6) ceteris paribus bei jeder DMU den Input zu steigern oder den Output zu senken. Folglich muss es zu jeder beobachteten DMU auch ineffizientere DMUs geben dürfen[103]. Annahme fünf impliziert zudem die weitere Annahme, dass (7) sämtliche Inputs und Outputs beliebig teilbar sind bzw. ihre Mengen alle (positiven) reellen Zahlen annehmen dürfen[104]. (8) Die Gewichte der Inputs und Outputs sind ebenfalls unbeschränkt und dürfen lediglich nicht negativ werden. Abschließend sei noch darauf hingewiesen, dass das CCR-Modell nur dann angewandt werden darf, (9) wenn sämtliche für die Produktion charakteristischen Inputs und Outputs sozusagen vom Management der DMU beeinflusst werden können, weshalb es zum Beispiel keinen Diebstahl der Inputs und damit einem höheren Gesamtinputbedarf in den betrachteten DMUs geben darf, falls das Management diesen nicht beeinflussen kann[105].

3.2 Das Banker-Charnes-Cooper-Modell

Wie im vorherigen Abschnitt in der fünften Annahme erwähnt wurde, ist das CCR-Modell lediglich im Falle von konstanten Skalenerträgen anwendbar. Es gibt allerdings auch zahlreiche Fälle, bei denen beispielsweise eine Verdopplung des Inputs nicht auch den Output gleichermaßen erhöht. In all diesen Fällen muss statt des CCR-Modells das nach dessen Erfindern benannte Banker-Charnes-Cooper-Modell genutzt werden[106]. Da in dieser Bachelorarbeit beide erwähnten DEA-Modelle zum Einsatz kommen werden, wird auch das BCC-Modell in diesem Abschnitt vorgestellt, wobei die Foki auf dessen mathematischen Modell und den wichtigsten Unterschieden zum CCR-Modell liegen.

So wird eine DMU beim BCC-Modell genau dann als effizient angesehen, wenn sie sich aufgrund ihrer Produktion auf dem effizienten Rand befindet. Der Unterschied zum CCR-Modell besteht darin, dass diese DMU nun bedingt durch nicht konstante Skalenerträge nicht zwangsweise über eine vielfache Produktion zu einer anderen effizienten DMU verfügen muss[107].

---

[103] Siehe Cooper et al. (2007), S. 42

[104] Siehe Wilken (2007), S. 49

[105] Siehe Wilken (2007), S. 49

[106] Siehe Wilken (2007), S. 42-43

[107] Siehe Banker et al. (1984), S. 1084; Haas (2004), S. 53

In Anlehnung an die Notation der Begründern des BCC-Modells Banker et al. lässt sich die Multiplier-Form dieses Modells folgendermaßen notieren[108]:

$$\max_{\mu,v} \theta_o = \mu_1 y_{1o} + \cdots + \mu_s y_{so} - u_o$$

Unter Beachtung folgender Restriktionen:

$$v_1 x_{1o} + \cdots + v_m x_{mo} = 1$$

$$\mu_1 y_{1j} + \cdots + \mu_s y_{sj} - u_o \leq v_1 x_{1j} + \cdots + v_m x_{mj} \quad (j = 1, \ldots, n)$$

$$v_1, v_2, \ldots, v_m \geq 0; \ \mu_1, \mu_2, \ldots, \mu_s \geq 0$$

Zu beachten ist, dass diese Notation beispielsweise im Hinblick auf die Variablen- und Konstantenbezeichnungen von der Originalnotation abweicht, um die Vergleichbarkeit mit dem CCR-Modell dieser Bachelorarbeit zu fördern.

Das nun neu eingeführte Skalar $u_o \in \mathbb{R}$ gibt Auskunft über die Veränderung der Skalenerträge: Ist $u_o = 0$, entspricht die Notation des BCC-Modells der Notation des CCR-Modells und es liegen folglich konstante Skalenerträge vor. Gilt hingegen $u_o > 0$ bestehen abnehmende Skalenerträge und bei $u_o < 0$ zunehmende Skalenerträge[109].

Auch eine weitere wichtige Eigenschaft muss an dieser Stelle genannt werden. So entstehen gemäß Gutierrez bei gleichen Beobachtungen unterschiedliche Effizienzwerte abhängig davon, ob das input- oder outputorientierte BCC-Modell zugrundegelegt wird[110]. Gemäß Wilkens bedeutet Inputorientierung, dass bei gegebenem Output versucht wird den Input zu reduzieren, während bei Outputorientierung der Input fix ist und es den Output zu maximieren gilt[111]. Das oben aufgeführte BCC-Modell ist demnach inputorientiert, während das **outputorientierte Modell** folgende Gestalt hat[112]:

$$\min_{\mu,v} \theta_o = v_1 x_{1o} + \cdots + v_m x_{mo} - v_o$$

Unter Beachtung folgender Restriktionen:

$$\mu_1 y_{1o} + \cdots + \mu_s y_{so} = 1$$

$$\mu_1 y_{1j} + \cdots + \mu_s y_{sj} \leq v_1 x_{1j} + \cdots + v_m x_{mj} - v_o \quad (j = 1, \ldots, n)$$

$$v_1, v_2, \ldots, v_m \geq 0; \ \mu_1, \mu_2, \ldots, \mu_s \geq 0$$

---

[108] Siehe Banker et al. (1984), S. 1085

[109] Siehe Haas (2004), S. 53

[110] Siehe Gutierrez (2005), S. 23

[111] Es sei an dieser Stelle erwähnt, dass das in Abschnitt 3.1 dargestellte CCR-Modell inputorientiert ist. Vgl. dazu auch Wilkens (2007), S. 41. In dieser Arbeit wird für den eigentlichen Benchmark zwecks Vergleichbarkeit stets das inputorientierte Modell genutzt

[112] Wilkens (2007), S. 164

Bei diesem LP wurde nun im Vergleich zum CCR-Modell v_0 neu eingeführt, welches eine ähnliche Aufgabe wie u_0 erfüllt.

Da das BCC-Modell Abweichungen vom CCR-effizienten Rand nicht zwangsläufig auf Ineffizienz zurückführt, sind BCC-Effizienzwerte mindestens genauso hoch wie CCR-Effizienzwerte. Meist sind BCC-Effizienzwerte sogar höher, aber auch maximal gleich eins[113].

3.3 Vor- und Nachteile der Data Envelopment Analysis

Genauso wie bei den in Abschnitt 3.1.1 vorgestellten Annahmen ist es auch wichtig, die Vor- und Nachteile der DEA zu kennen, um sie sinnvoll anwenden zu können.

Diesbezüglich gilt die „Fairness" des Verfahrens sicherlich als wichtigster Vorteil der DEA. Schließlich werden jeder DMU die für sie besten Gewichtungen ihrer Inputs und Outputs ermittelt und jede DMU somit „im besten Licht" dargestellt. Auf diese Weise wird auf die im Abschnitt 2.2.1 bemängelte recht willkürliche Gewichtung der Inputs und Outputs verzichtet, wodurch die DEA-Effizienz als nicht angreifbar angesehen wird[114]: Wenn eine DMU sich selbst unter den für sie günstigsten Gewichten als ineffizient herausstellt, dann hat ihr Manager sozusagen keine Grundlage für Kritik am Vergleichsverfahren.

Ein weiterer wichtiger Vorteil ist die Einheitenunabhängigkeit der DEA-Effizienz: Es muss allerdings gewährleistet sein, dass ein und dieselbe Input- bzw. Outputart bei jeder DMU in derselben Einheit angeben wird[115].

Zudem wurde in dieser Arbeit bereits erwähnt, dass die DEA sich auch für Benchmarks mit sehr vielen DMUs und Input- und Outputarten eignet, da es geeignete Softwarelösungen gibt, die die notwendigen Berechnungen automatisieren.

Schließlich erlaubt die DEA, wie in der Einleitung bereits angesprochen wurde, auch dann Effizienzberechnungen durchzuführen, wenn keine Produktionsfunktion bekannt ist.

Doch es gibt auch zahlreiche signifikante Nachteile. So sind beide vorgestellten Modelle entweder input- oder outputorientiert, sodass beispielsweise die Inputs konstant gehalten werden, während die Outputs möglichst maximiert werden sollen oder andersherum. In manchen Fällen besteht aber der Bedarf gleichzeitig den Input zu senken und

---

[113] Siehe Stepan und Fischer (2009), S. 204

[114] Siehe Hoffmann (2006), S. 36

[115] Siehe Cooper et al. (2007), S. 24

den Output zu erhöhen, wozu beide Modelle nicht in der Lage sind[116]. Fernerhin lassen sich weitere Nachteile aus den DEA-Annahmen ableiten. In diesem Kontext ist es sicherlich zweifelhaft, ob selbst sehr ähnliche Vergleichseinheiten in der Praxis stets identische Input- und Outputarten haben, wie dies Annahme (1) einfordert. Weiterhin erfordert die dritte Annahme, dass allen DMUs dieselbe Technologiemenge zugrunde liegt, was sich zwar auf den ersten Blick unproblematisch anhört jedoch bei genauerem Hinsehen im Einzelfall kaum zu überprüfen ist, da diese Technologiemenge meist unbekannt ist[117]. Die siebte Annahme ist ebenfalls oft unrealistisch: wenn man es beispielsweise mit Inputs wie Motoren und Outputs wie Autos zu tun hat, die nicht beliebig teilbar sind. Auch die vorletzte Forderung nach a priori nicht festgelegten Gewichten kann, wie zuvor beschrieben, zwar ein Vorteil sein, wird jedoch spätestens dann problematisch, wenn eine Universität zwar eine Effizienz von Eins hat, deren optimale Gewichtungen aber fernab jeglicher Realität sind. Solche keineswegs ausgeschlossenen Extremfälle können die Aussagefähigkeit des Benchmarks sicherlich gefährden.

Ähnlich können DEA-Effizienzwerte auch deswegen problematisch sein, weil die DEA auf einer relativen Technologiemenge basiert (wie in Abschnitt 2.2 erläutert) und es stets mindestens eine DMU mit dem Effizienzwert eins gibt. Sind aber alle betrachteten DMUs „in Wirklichkeit" ineffizient, dann könnte ein hoher Effizienzwert suggerieren, dass die zugehörigen DMUs sich kaum noch verbessern können.

3.4 Anwendung der Data Envelopment Analysis auf das Universitätsbeispiel

In den vorherigen Abschnitten dieses Kapitels wurden die wichtigsten Grundlagen des CCR- und BCC-Modells vermittelt, die zum Verständnis der folgenden Effizienzanalyse notwendig sind. Da jedoch die dortigen Berechnungen durch die statistische Programmierumgebung „R" automatisch durchgeführt werden und deswegen verborgen bleiben, wird in diesem Abschnitt noch das Universitätsbeispiel aus der Tabelle 1 mithilfe der beiden Modelle in der Multiplier-Form erläutert, um dadurch die Berechnungsweise zu verdeutlichen. Fernerhin wird gezeigt, auf welche Weise R zur Berechnung dieser Effizienzwerte veranlasst werden kann, um dadurch einen Einstieg in den Berechnungsansatz des folgenden Kapitels zu schaffen.

---

[116] Siehe Wilken (2007), S. 47

[117] Siehe Dyckhoff und Allen, S. 21

Wie bereits im Abschnitt 2.2.1 festgelegt, bilden die Professoren zusammen mit den wissenschaftlichen Mitarbeitern den Input jeder betrachteten, fiktiven Universität, wobei die Anzahl der Professoren durch x_1 und die Anzahl der wissenschaftlichen Mitarbeiter durch x_2 erfasst wird. Entsprechend werden die Anzahl der Bachelorabsolventen durch y_1 und der Masterabsolventen durch y_2 abgebildet.

Im Abschnitt 3.1 wurde zudem bereits erläutert, dass pro betrachtete DMU ein lineares Programm zu lösen ist, das den Output der aktuell betrachteten Einheit maximiert, den Input normiert und jede DMU noch einmal in einer eigenen Nebenbedingung erfasst. Für die erste Universität gilt somit für die Inputs $x_1 = 150$ und $x_2 = 1000$ und für die Outputs $y_1 = 20000$ und $y_2 = 5000$. All diesen Überlegungen zufolge lässt sich das CCR-Modell für die erste Universität folgendermaßen aufstellen:

$$\max_{\mu,\upsilon} \theta_o = 20000\mu_1 + 5000\mu_2$$

Unter Beachtung folgender Restriktionen:

$$150\upsilon_1 + 1000\upsilon_2 = 1$$
$$20000\mu_1 + 5000\mu_2 \leq 150\upsilon_1 + 1000\upsilon_2$$
$$25000\mu_1 + 6000\mu_2 \leq 220\upsilon_1 + 1100\upsilon_2$$
$$21000\mu_1 + 5100\mu_2 \leq 180\upsilon_1 + 1100\upsilon_2$$
$$21000\mu_1 + 5200\mu_2 \leq 190\upsilon_1 + 1050\upsilon_2$$
$$23000\mu_1 + 5500\mu_2 \leq 200\upsilon_1 + 1200\upsilon_2$$
$$30000\mu_1 + 8000\mu_2 \leq 250\upsilon_1 + 1400\upsilon_2$$
$$\upsilon_1, \upsilon_2 \geq 0; \ \mu_1, \mu_2 \geq 0$$

Das Ergebnis dieses Optimierungsproblems lautet 1,0. Da in diesem fiktiven Beispiel sechs DMUs betrachtet werden, müssen noch fünf weitere Optimierungsprobleme gebildet und gelöst werden. Die Ungleichungen bleiben dabei stets unverändert, wohingegen die Zielfunktion und die Gleichung jedes Mal angepasst werden müssen.

Dabei ergeben sich für die Universitäten die CCR-Effizienzwerte aus Tabelle 2. Es ist zu erkennen, dass die Universitäten eins, zwei und sechs als effizient anzusehen sind, da sie eine Effizienz von Eins haben. Die anderen Universitäten sind demnach ineffizient, wobei die fünfte Universität die geringste Effizienz vorweisen kann. Rückblickend auf Abschnitt 2.2.1 lässt sich zudem festhalten, dass die dort errechnete totale Faktorproduktivität der dritten Universität ungünstige Gewichte unterstellt, die dafür verantwortlich sind, dass diese Universität ineffizienter als die verglichene vierte Universität erscheint. Das CCR-Modell und dessen Ansatz jeder DMU ihre vorteilhaftesten Gewichte zuzuweisen ermittelt eine umgekehrte Rangfolge dieser beiden Universitäten.

Universität	Uni 1	Uni 2	Uni 3	Uni 4	Uni 5	Uni 6
CCR-Effizienz	1,0	1,0	0,9203	0,9232	0,9167	1,0
BCC-Effizienz	1,0	1,0	0,9273	0,9714	0,9182	1,0

Tabelle 2: Die CCR- und BCC-Effizienzen der Beispieluniversitäten

Cooper et al. erläutern, dass die ermittelten Effizienzwerte auch als Handlungsempfehlung aufgefasst werden können: Werden beispielsweise die Inputs der dritten Universität mit dem Effizienzwert dieser Universität multipliziert, dann gaben die Ergebnisse die Inputmengen an, bei denen Universität drei bei gleichbleibenden Outputmengen effizient operieren würde[118]:

$$180 * 0,9203 = 165,654$$
$$1100 * 0,9203 = 1012,33$$

Die Ergebnisse dieser CCR-Effizienzwerte wurden mithilfe von R ermittelt, wobei der auf der nächsten Seite aufgeführte Quellcode zugrunde gelegt wurde.

Die in den eckigen Klammern geschriebenen Zahlen sind hierbei nicht Teil des Quellcodes und wurden zur Referenzierung der einzelnen Zeilen hinzugefügt. In der ersten Zeile wird dabei das Package „Benchmarking" geladen, dass R die Berechnung der DEA-Effizienz ermöglicht. In den darauf folgenden beiden Zeilen werden sämtliche Universitätsdaten aus einer csv-Datei eingelesen und in die Variable *EingeleseneTabelle* abgelegt. Diese Datei beinhaltet als erste Zeile die Namen sämtlicher Universitäten. Daraufhin folgen die beiden Zeilen mit den beiden Inputs und den beiden Outputs.

---

[118] Vgl. Cooper et al. (2007), S. 26-27

```
[1]  library("Benchmarking")

[2]  setwd("<Pfadangabe ohne Dateinamen>")

[3]  EingeleseneTabelle <- read.table("<Dateiname>", sep=";", header=TRUE)

[4]  Professoren <- as.numeric(EingeleseneTabelle[1,])

[5]  Wiss.MA. <- as.numeric(EingeleseneTabelle[2,])

[6]  Bachelor <- as.numeric(EingeleseneTabelle[3,])

[7]  Master <- as.numeric(EingeleseneTabelle[4,])

[8]  input <-matrix(c(Professoren,Wiss.MA.),6)

[9]  dimnames(input) <- c(list(LETTERS[1:6]))

[10] colnames(input) <- c("Professoren", "Wiss. MA.")

[11] output <-matrix(c(Bachelor,Master),6)

[12] dimnames(output) <- c(list(LETTERS[1:6]))

[13] colnames(output) <- c("Bachelor", "Master")

[14] e <- dea(input,output, RTS="crs", ORIENTATION="in")

[15] e

[16] lambda(e)

[17] summary(e)
```

R-Quellcode zur Berechnung der CCR-Effizienzen der fiktiven Universitäten

Die einzelnen Tabelleneinträge sind jeweils durch ein Semikolon getrennt. Damit hat die Datei folgenden Aufbau:

```
Uni 1;Uni 2;Uni 3;Uni 4;Uni 5;Uni 6
150;220;180;190;200;250
1000;1100;1100;1050;1200;1400
20000;25000;21000;21000;23000;30000
5000;6000;5100;5200;5500;8000
```

Inhalt der csv-Datei des Universitätsbeispiels

In den Zeilen vier bis sieben des Quellcodes werden die vier Datenvektoren, die den Reihen der Tabelle aus der Variable *EingeleseneTabelle* entsprechen, als eigenständige Vektoren abgespeichert. Die Methode „*as.numeric()*" stellt dabei sicher, dass R die Vektoreninhalte als Zahlenwerte und nicht als Zeichenketten auffasst[119]. In den Zeilen

---

[119] Vgl. R Documentation (2011)

acht bis 13 werden jeweils die beiden Input- und Outputvektoren als Matrizen „input"
und „output" abgespeichert und deren Zeilen und Spalten benannt. Diese beiden Matrizen sind die Parameter der eigentlichen DEA-Berechnung wobei der Parameter „crs"
konstante Skalenerträge als Annahme zugrunde legt. Fernerhin wird, wie in Abschnitt
3.2 erläutert, das inputorientierte Modell verwendet[120]. In den letzten drei Zeilen werden
die Ergebnisse der Berechnung ausgegeben. Diese Ausgabe wird in Abbildung 4 dargestellt.

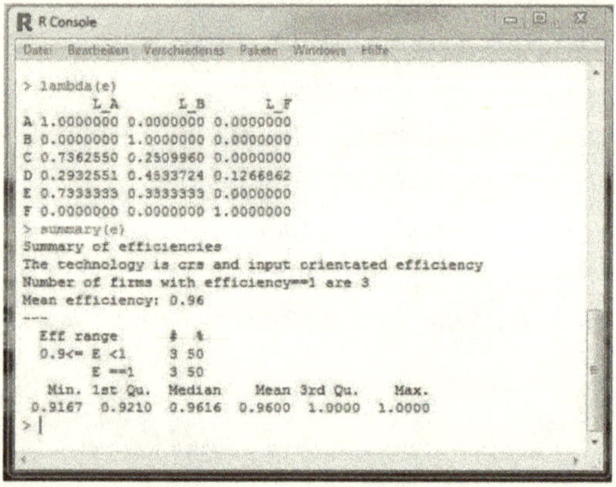

Abbildung 4: Ausgabe von R für das Universitätsbeispiel
Quelle: selbsterstelltes Bildschirmabbild

Wie durch die Abbildung verdeutlicht wird, gibt die Methode „*lambda()*" für jede DMU
ihre Referenzpunkte an, die ihr als Benchmark dienen. Die drei effizienten DMUs dienen sich jeweils selbst als Referenzpunkte.

Die fünfte Annahme aus dem Abschnitt 3.1.1 legt nahe, das CCR-Modell nur bei konstanten Skalenerträgen einzusetzen. Ist dies nicht der Fall, muss gemäß des Abschnittes
3.2 das BCC-Modell zum Einsatz kommen, das hier in der inputorientierten Variante
für die erste Universität dargestellt wird:

---

[120] Vgl. Bogetoft und Otto (2011), S. 8

$$\max_{\mu,v} \theta_o = 20000\mu_1 + \cdots + 5000\mu_s - u_o$$

Unter Beachtung folgender Restriktionen:

$$150v_1 + 1000v_2 = 1$$
$$20000\mu_1 + 5000\mu_2 - u_o \leq 150v_1 + 1000v_2$$
$$25000\mu_1 + 6000\mu_2 - u_o \leq 220v_1 + 1100v_2$$
$$21000\mu_1 + 5100\mu_2 - u_o \leq 180v_1 + 1100v_2$$
$$21000\mu_1 + 5200\mu_2 - u_o \leq 190v_1 + 1050v_2$$
$$23000\mu_1 + 5500\mu_2 - u_o \leq 200v_1 + 1200v_2$$
$$30000\mu_1 + 8000\mu_2 - u_o \leq 250v_1 + 1400v_2$$
$$v_1, v_2 \geq 0; \ \mu_1, \mu_2 \geq 0$$

Genau wie im CCR-Fall ist dieses lineare Programm lediglich eins von insgesamt sechs benötigten Programmen. Auch die Ergebnisse dieses Optimierungsproblems sind zwecks Gegenüberstellung mit den CCR-Ergebnissen in der Tabelle 2 aufgeführt. Wie im Abschnitt zum BCC-Modell bereits deutlich wurde, sind die Effizienzwerte bei der Annahme variabler Skalenerträge mindestens genauso hoch wie bei der Annahme konstanter Skalenerträge. Um in R BCC-Effizienzwerte zu bestimmen, muss lediglich die Zeile 14 des in diesem Abschnitt dargestellten Quellcodes angepasst werden, wobei „crs" durch „vrs" zu ersetzen ist. Dadurch unterstellt R den Daten variable Skalenerträge.

4. Quellen- und Vorgehensbeschreibung

Wie im vorherigen Kapitel deutlich wurde, bilden die Inputs und Outputs die Parameter der DEA. Diese werden aus einem dem Autor vorliegenden Datenbestand extrahiert. Deswegen wird in diesem Kapitel dieser Datenbestand und damit insbesondere dessen Ursprung und dessen Struktur erläutert. Im Anschluss wird dargestellt, wie es möglich ist, einzelne Unternehmensdaten systematisch nach bestimmten Kriterien zu extrahieren und für die Programmiersprache R zur Verfügung zu stellen. R kann dann, wie im Abschnitt 3.4 erläutert, die DEA auf diese Unternehmensdaten anwenden.

4.1 Beschreibung des genutzten Datenbestandes

Der vorliegende Datensatz stammt von der „Bureau van Dijk Electronic Publishing GmbH" und wird als „DAFNE" bezeichnet. Er beinhaltet unter anderem „...Kontaktdaten, Geschäftstätigkeiten (WZ-Codes und Tätigkeitsbeschreibung), detaillierte Bilanzen sowie Gewinn- und Verlustrechnungen, Finanzkennzahlen, mikrogeografische Schlüssel, Import- und Exportquoten..."[121] von deutschen Unternehmen. Gemäß dem Unternehmen eignet sich sie Datenbank u. a. für Finanzanalysen, Kreditrisikobewertungen, Ermittlung von Unternehmen mit bestimmten Bilanzstrukturen, Marketingtätigkeiten und als Grundlage für wissenschaftliche Studien[122]. Die Datenbank ist in einer jeweils durch das Zeichen „|" strukturierten Textdatei gespeichert, belegt 1,15 Gigabyte an Speicherplatz und beinhaltet etwa 200.000 Datensätze unterschiedlicher Unternehmen jeweils der Jahre 2000 bis 2009 (einschließlich der Grenzen). Jeder Datensatz entspricht dabei einem Unternehmen. Jeder Datensatz kann wegen der gewählten Struktur theoretisch etwa 2000 Unternehmensattribute umfassen, wobei bei vielen der Attribute deren Ausprägung nicht abgespeichert wurde. Die Gründe dafür sind nirgendwo festgehalten.

Trotz der Dateigröße beinhaltet die Datenbank fernerhin u. a. nicht alle Bilanzeinträge gemäß §266 Abs. 2 und 3 des Handelsgesetzbuches: So wird zwar beispielsweise der Wert der Sachanlagen aufgeführt, jedoch nicht weiter in technische Anlagen und Maschinen, andere Anlagen, Betriebs- und Geschäftsausstattung etc. differenziert. Diese

---

[121] Siehe Bureau van Dijk Electronic Publishing GmbH

[122] Siehe Bureau van Dijk Electronic Publishing GmbH

detaillierteren Bilanzpositionen stehen folglich auch nicht als mögliche DEA-Parameter zur Verfügung.

Besonders wichtig für den intendierten Branchenvergleich ist jeweils das Attribut „WZ 2008 - Haupttätigkeit - Code" über das jeder Datensatz verfügt und dessen Ausprägung Aufschluss über die dafür notwendige Brancheneinteilung bietet und deswegen an dieser Stelle ebenfalls erläutert wird. Die vollständige Bezeichnung dieses Attributes lautet „Klassifikation der Wirtschaftszweige, Ausgabe 2008". Der Attributwert ist gemäß einer vom Europäischen Parlament und dem Europäischen Rat verordnete Systematik für nahezu sämtliche Wirtschaftsstatistiken gebildet[123]. Die Nutzung dieser Systematik wird anhand der bekannten Gesellschaft „Vodafone D2 GmbH" beispielhaft erläutert, die in dem vorliegenden Datenbestand den Code „J61200" hat. Alle Unternehmen, deren Codes mit dem Buchstaben „J" beginnen, werden gemäß der Systematik in den (sehr allgemeinen) Wirtschaftszweig „Information und Kommunikation" eingeordnet. Betrachtet man ebenfalls die fünf nachfolgenden Ziffern, dann operiert das untersuchte Unternehmen demnach in der (diesmal sehr eng eingegrenzten) Branche „Drahtlose Telekommunikation"[124]. Diese Systematik stellt somit eine gewisse Hierarchie von Branchenbezeichnungen dar und ermöglicht es, Branchen unterschiedlich detailliert zu betrachten.

4.2 Systematischer Zugriff auf den Datenbestand

Nachdem nun die Struktur und der Ursprung der Daten skizziert wurden, wird nun verdeutlicht, wie Daten der (einer gewählten Branche zugehörigen) Unternehmen extrahiert werden können. Diese selektierten Daten werden im nächsten Schritt in R eingelesen.

Bei dem Versuch den Datensatz zur ersten Betrachtung zu öffnen traten bereits erste Probleme auf: Der Texteditor von Microsofts 64-Bit-Version von „Windows 7 Sp1" brach den Ladevorgang erfolglos mit der Fehlermeldung ab, dass die csv-Datei zu groß sei. Microsofts Office-Anwendung „Word 2007" ermöglichte ebenfalls nicht das Öffnen des Datenbestandes und zeigte eine sinngemäß ähnliche Fehlermeldung an. Nach umfangreichen Versuchen mit anderen Texteditoren gelang schließlich das Einlesen der

---

[123] Siehe Statistisches Bundesamt Deutschland (2008a)

[124] Siehe Statistisches Bundesamt Deutschland (2008b), S. 124-126

Datei mit dem kommerziell erhältlichen Programm „UltraEdit" der Proxma AG[125]. Das Ergebnis ist in Abbildung 5 zu sehen.

Theoretisch ist es nun möglich, die Unternehmensdatensätze der jeweils benötigten Branche manuell herauszusuchen und die im nächsten Kapitel thematisierten Inputs und Outputs manuell zu extrahieren. Bei einem Datensatz mit etwa 200000 Zeilen und 2000 Spalten wäre der dazu notwendige Zeitaufwand immens.

Abbildung 5: Darstellung des Datensatzes durch „UltraEdit"
Quelle: selbsterstelltes Bildschirmabbild

Deswegen ist es hochgradig sinnvoll, die Selektion computergestützt durchzuführen. Microsofts kommerzielles Datenbankmanagementsystem „Access 2010" ermöglicht nach Herstellerangaben die erforderliche automatisierte Datensatzauswahl[126], wobei dieses Programm gemäß angezeigter Fehlermeldung nicht mit der vorhandenen Spaltenanzahl von „DAFNE" umgehen kann.

Denkbar wäre ferner die Nutzung der Datenbankmanagementsysteme „MySQL", „PostgreSQL" oder „SQLite", da R mithilfe von entsprechenden Packages den Zugriff auf diese Systeme ermöglicht[127]. Am Beispiel von „MySQL" wird jedoch erkennbar, dass auch hierbei die Spaltenanzahl des Datenbestandes zu Problemen führt, da „MySQL" nur 1000 statt der benötigten ca. 2000 Spalten verwalten kann[128]. Ein weite-

---

[125] Eine Testversion von „UltraEdit" samt Kaufmöglichkeit findet man unter der Website: http://ultraedit.pro.de/

[126] Siehe Microsoft Corporation (2011)

[127] Siehe The R Foundation for Statistical Computing (2011)

[128] MySQL Reference Manual (2011)

res Problem ergibt sich zudem aus der Tatsache, dass der vorliegende Datensatz zahlreiche Spalten wie „Anzahl der Mitarbeiter 2008" aus nicht nachvollziehbaren Gründen mehrmals auftauchen, was dazu führt, dass eine eindeutige Spaltenreferenzierung nicht gelingt. Die eingesetzte Software muss diese Dubletten also erkennen und zwecks Eindeutigkeit umbenennen. Dies gelingt mithilfe des Datenbankmanagementsystems „Base 3", das Bestandteil des kostenlosen „OpenOffice.org" ist[129]. Damit der Datensatzzugriff mit „Base 3" gelingt, muss eine Verbindung mit der zugehörigen Textdatei aufgebaut werden. Im automatisch ausgeführten „Database Wizard" muss „Base 3" so konfiguriert werden, dass es die Textdatei als csv-Datei auffasst und das Sonderzeichen „|" als Zellentrennzeichen verwendet. Nun lädt die Software die csv-Datei und ermöglicht deren Betrachtung als „echte" Tabelle und nicht mehr als Fließtext, wie es bei „UltraEdit" der Fall war und in Abbildung 5 zu erkennen ist.

Um nun die bereits thematisierte Selektion der relevanten Unternehmensdaten der benötigten Branche zu ermitteln, muss eine Abfrage in der „Structured Query Language" (SQL) verfasst werden, wobei „Base 3" zu diesem Zweck den „Query Design" Editor bereitstellt. Die Struktur der genutzten Abfrage kann an folgender Beispielabfrage verdeutlicht werden:

SELECT "Name des Unternehmens", "Anzahl der Mitarbeiter 2008", "Sachanlagen Tsd EUR 2008"

FROM "DAFNE"

WHERE "WZ 2008 - Haupttätigkeit - Code" LIKE 'J%' AND "Kassenbestand, Bundesbankguthaben, Guthaben bei Kreditinstituten und Schecks Tsd EUR 2008" IS NOT NULL

Eingeleitet durch das Schlüsselwort „SELECT" werden die Spaltennamen in Einführungsstrichen angegeben, die in der Ergebnistabelle aufgeführt sein sollen. Hierbei müssen sämtliche ausgewählten Inputs und Outputs vertreten sein, wohingegen nicht benötigte Parameter zwecks Übersichtlichkeit weggelassen werden können.

---

[129] Eine Beschreibung von Base 3 ist mithilfe folgender URL auffindbar: http://de.openoffice.org/product/base.html. Der kostenlose Download ist über folgende URL möglich: http://download.openoffice.org/. Wenn eine Installation unerwünscht ist bietet sich die „OpenOffice.org Portable" an, dass vom Autor dieser Arbeit verwendet wurde: http://portableapps.com/apps/office/openoffice_portable

Das Schlüsselwort „FROM“ gibt an, auf welche Tabelle sich die Abfrage bezieht. In diesem Fall heißt die Tabelle mit dem Datenbestand „DAFNE“. Hinter dem „WHERE“ werden die Bedingungen angegeben, die jeder Datensatz (und in diesem Fall dessen Attributwerte) erfüllen muss, um in die Ergebnistabelle zu gelangen. In der Beispielabfrage werden daher nur Unternehmen aufgeführt, die dem Wirtschaftszweig „Information und Kommunikation“ angehören und deren Attribut "Kassenbestand, Bundesbankguthaben, Guthaben bei Kreditinstituten und Schecks Tsd EUR 2008" einen Wert hat und damit nicht leer ist[130]. Einen Ergebnisausschnitt dieser Abfrage zeigt Abbildung 6, an der sich zwei wichtige Aspekte verdeutlichen lassen: zum einen das bereits thematisierte Problem, dass nicht alle Attribute in „DAFNE“ mit zugehörigen Werten versehen sind, was besonders dann zu Problemen führt, wenn das Attribut einen DEA-Parameter darstellt.

Weiterhin braucht „Base 3“ selbst bei einer Ausführung auf einem recht modernen Computer (AMD-Vierkernprozessor mit 3,4 Gigahertz und acht Gigabyte Arbeitsspeicher) oft mehrere Minuten zur vollständigen Ergebnisausgabe, wobei zuerst ein unvollständiges Ergebnis ausgegeben wird. Um keine Unternehmen auszulassen, muss der Benutzer folglich zuerst abwarten, bis „Base 3“ die Abfrage vollständig durchgeführt hat, was daran zu erkennen ist, dass neben der Zahl 187 kein Stern-Zeichen mehr zu sehen ist. In Abbildung 6 ist die Abfrage folglich noch nicht vollständig durchgeführt worden.

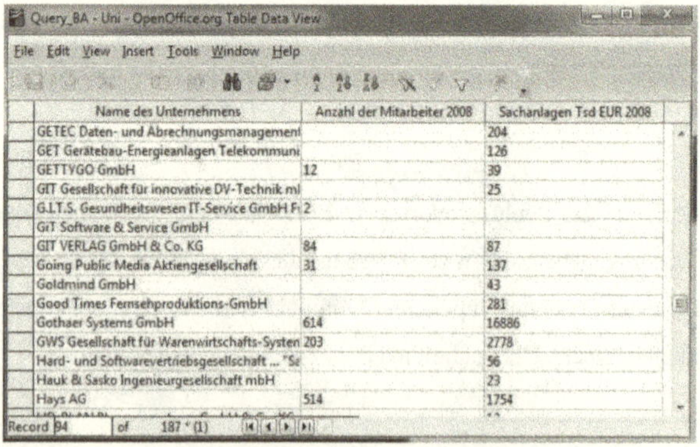

Name des Unternehmens	Anzahl der Mitarbeiter 2008	Sachanlagen Tsd EUR 2008
GETEC Daten- und Abrechnungsmanagement		204
GET Gerätebau-Energieanlagen Telekommuni		126
GETTYGO GmbH	12	39
GIT Gesellschaft für innovative DV-Technik ml		25
G.I.T.S. Gesundheitswesen IT-Service GmbH F	2	
GiT Software & Service GmbH		
GIT VERLAG GmbH & Co. KG	84	87
Going Public Media Aktiengesellschaft	31	137
Goldmind GmbH		43
Good Times Fernsehproduktions-GmbH		281
Gothaer Systems GmbH	614	16886
GWS Gesellschaft für Warenwirtschafts-Systen	203	2778
Hard- und Softwarevertriebsgesellschaft ... "Se		56
Hauk & Sasko Ingenieurgesellschaft mbH		23
Hays AG	514	1754

Abbildung 6: Ergebnisausschnitt der SQL-Beispielabfrage in „Base 3“

Quelle: selbsterstelltes Bildschirmabbild

---

130 Schicker (2000), S. 92ff

Um das Abfrageergebnis in R, wie in Abschnitt 3.4 beschrieben, einlesen zu können, ist es beispielsweise möglich, dieses Ergebnis in eine csv-Datei abzuspeichern. Dazu bietet „Base 3" keine spezielle Schaltfläche. Allerdings ist es möglich, sämtliche Einträge der Ergebnistabelle zu markieren und mit des Tastenkombination „Strg + C" in die Zwischenablage zu kopieren. Daraufhin kann der Zwischenablageinhalt beispielsweise eine Tabellenkalkulationssoftware wie „Calc", das ebenfalls Bestandteil des „OpenOffice.org" Pakets ist, eingefügt werden. „Calc" wiederum ermöglicht die Speicherung ins csv-Format.

Abschließend kann gesagt werden, dass die hier beschriebene Vorgehensweise sicherlich den Charakter eines „Work-arounds" hat und wohl kaum als intuitiv zu bezeichnen ist. Nichtsdestotrotz wird durch ein solches Vorgehen die Qualität der Ergebnisse nicht gefährdet, da an keiner Stelle Datensätze ausgelassen werden. Ungeeignete Datensätze gelangen, wie intendiert, nicht in die Ergebnistabelle.

5. Effizienzanalyse

Nachdem nun die DEA als Benchmarkingmodell dieser Bachelorarbeit und der Daten-
ursprung erläutert wurde, kann nun der eigentliche Benchmark erfolgen. Dazu wurde im
Abschnitt 2.3.1 ein Vorgehensmodell erstellt, das sich aus drei Phasen zusammensetzt.
Diese drei Phasen werden nun in diesem Kapitel „durchlaufen". Um den Bezug zu den
Vorgehensmodellphasen zu verdeutlichen, sind die Abschnitte nach den drei Phasen
dieses Modells benannt.

5.1 Zieldefinition und Voranalyse

Das Benchmarkingmodell dieser Arbeit sieht vor, in dieser ersten Phase das Ziel des
Benchmarkings und die zu untersuchenden Branchen festzulegen und zu beschreiben.

Da in dieser Arbeit neben den eigentlichen Ergebnissen des Branchenvergleiches per
Aufgabenstellung auch das zu dessen Ermittlung notwendige Vorgehen von großer Bedeutung ist, besteht das Ziel darin, die DEA-Effizienz dreier Branchen aufzuzeigen und
gegenüberzustellen. Dazu werden ohne eine a priori Festlegung bestimmter Geschäftszweige solche Geschäftszweige ausgewählt, mit denen die meisten Menschen bestimmte Assoziationen verbinden. Dies ist sicherlich kein trennscharfes Selektionskriterium,
soll aber an folgendem Beispiel verdeutlicht werden: So haben sicherlich mehr Menschen eine genauere Vorstellung von der „Herstellung von Büro- und Ladenmöbeln" als
von der Branche „Auswärtige Angelegenheiten", da Möbel in Deutschland allgegenwärtig sind und täglich auf die ein oder andere Weise genutzt werden.

Fernerhin werden nur solche Wirtschaftszweige ausgewählt, die gemäß der im Abschnitt 5.2.3 gezeigten Berechnung im Jahre 2006 mindestens 50 Unternehmen umfassen. Zwar liegt es intuitiv betrachtet nahe, anstatt des Jahres 2006 das Jahr 2008 zu betrachten, worauf in dieser Arbeit aber verzichtet wurde, da aus unklaren Gründen im für
das Jahr 2006 wesentlich mehr Attributwerte vorliegen (und damit nicht leer sind). Das
Jahr 2006 wird also als Kompromiss zwischen möglichst hoher zeitlicher Aktualität und
möglichst großer Beobachtungszahl angesehen. Da per Aufgabenstellung alle Beobachtungen aus demselben Jahr stammen müssen, erfolgt gemäß Assenmacher eine Quer-

schnitterhebung[131]. Aus den immer noch zahlreichen „gültigen" Wirtschaftszweigen wurden willkürlich die in Tabelle 3 genannten Zweige ausgewählt.

Nr.	WZ 2008 – Bezeichnung	WZ 2008 - Code	DMUs im Jahr 2006
1	Herstellung von Handwerkzeugen	C25.73.1	200
2	Herstellung von Büro- und Ladenmöbeln	C31.01	76
3	Telekommunikation	J61	101

Tabelle 3: Die in dieser Arbeit untersuchte Branchen

Die Unternehmen dieser drei Branchen bilden folglich die Benchmarkingobjekte dieser Analyse.

Um einen Überblick über die Beschaffenheiten der Branchen aus Tabelle 3 zu ermöglichen, erfolgt nun deren kurze Beschreibung.

Der Wirtschaftszweig „**Herstellung von Handwerkzeugen**" wird dem verarbeitenden Gewerbe zugeordnet und stellt eine Spezialisierung der Werkzeugherstellung dar. Es werden hierbei Unternehmen betrachtet, deren Haupttätigkeit z. B. darin besteht, Kneifzangen und Schraubendreher herzustellen[132].

Der nächste Wirtschaftszweig „**Herstellung von Büro- und Ladenmöbeln**" gehört ebenfalls gemäß der WZ 2008 – Systematik dem verarbeitenden Gewerbe an. Die Unternehmen dieses Zweiges stellen beispielsweise Bürostühle und Schreibtische her. Die auf der nächsthöheren Abstraktionsebene befindliche Branche befasst sich mit der (allgemeinen) Möbelherstellung[133].

Die Unternehmen der **Telekommunikationsbranche** wiederum werden allgemein betrachtet der Informations- und Kommunikationsindustrie zugerechnet. Sie befassen sich hauptsächlich mit der Dienstleistung der Ton-, Text-, Bild- und Datenübertragung, die sowohl leitungsgebunden als auch drahtlos erfolgen kann. Die Branchenteilnehmer stellen die erwähnten Inhalte allerdings nicht her[134].

5.2 Quantitatives Benchmarking

Gemäß dem Vorgehensmodell erfolgt in dieser Phase einer Ermittlung von sinnvollen Inputs und Outputs, auf deren Grundlage die DEA die Effizienzwerte der betrachteten Unternehmen errechnet. Dazu muss zuerst dargestellt werden, welche Anforderungen

---

[131] Siehe Assenmacher (2003), S. 25
[132] Siehe Statistisches Bundesamt Deutschland (2008b), S. 265
[133] Siehe Statistisches Bundesamt Deutschland (2008b), S. 317
[134] Siehe Statistisches Bundesamt Deutschland (2008b), S. 427-438

die DEA an ihre Inputs und Outputs stellt, da sich die Wahl dieser Parameter auf die Effizienzwerte auswirkt[135]. Im nächsten Schritt wird untersucht, welche Bilanzpositionen aus den vorliegenden Bilanzen den soeben angesprochenen Anforderungen am ehesten gerecht werden. Zum Schluss erfolgen eine Beschreibung und ein Vergleich der Branchen anhand der ausgewählten Parameter und die eigentliche DEA-Anwendung.

5.2.1 Anforderungen an die Methodenparameter

Im Hinblick auf die Parameterwahl stellen Dyckhoff und Allen klar, dass die Parameter der DEA die wesentlichen Produktionsaspekte darstellen müssen, wobei alle Ergebnisse jeweils messbar sein müssen. Fernerhin muss derselbe Parameter zwischen den DMUs vergleichbar sein, was in der Praxis bedeuten kann, dass wenn die „Wassermenge in Litern" als Input identifiziert wird, es dann zu einer Gefährdung der Aussagekraft der Ergebnisse kommen kann, wenn eine DMU sehr günstiges Wasser zur Anlagenkühlung bezieht und eine andere DMU hingegen teures, destilliertes Wasser einkauft. Nichtsdestotrotz mahnen die Autoren, Inputs und Outputs nicht zu detailliert zu betrachten, um die Komplexität des Modells nicht übermäßig zu steigern[136]. Aus diesen Überlegungen stellt sich unmittelbar die Frage nach der „vernünftigen" Anzahl an Inputs und Outputs. Hoffmann spricht in diesem Kontext von einem Spagat zwischen einer möglichst geringen Parameteranzahl und einer möglichst ganzheitlichen Abbildung der betrachteten Produktion. Als eine Art Faustformel wird dabei die Ungleichung „DMU-Anzahl ≥ 10*(Anzahl an Outputvariablen + Anzahl an Inputvariablen)" vorgeschlagen. Gibt es nicht genügend Beobachtungen, besteht die Möglichkeit manche Parameter in ihren monetären Wert umzurechnen und zusammenzufassen. Fernerhin lassen sich Outputs aus der Betrachtung ausschließen, die in keinem Zusammenhang zum verfolgten Ziel der betrachteten DMUs stehen. Schlussendlich lässt sich aus Korrelationen innerhalb der Inputs oder Outputs auf redundante Parameter schließen, die ebenfalls ausgeblendet werden können. Im Hinblick auf diese Maßnahmen betont der Autor allerdings, dass sie die Ergebnisse der DEA beeinflussen[137].

---

[135] Siehe Hoffmann (2006), S. 73

[136] Siehe Dyckhoff und Allen, S. 20-21

[137] Siehe Hoffmann (2006), S. 73-74

5.2.2 Selektion geeigneter Methodenparameter

Im Anschluss an die theoretische Thematisierung der Eignung von Parametern für die DEA des vorherigen Abschnittes werden nun diejenigen Attribute aus dem „DAFNE"- Datenbestand selektiert, die den Parameteranforderungen genügen. Dazu wird anhand von wissenschaftlichen Artikeln untersucht, welche Parameter deren Autoren ausgewählt haben. Bei den Inputs wird zudem als Auswahlkriterium auf volkswirtschaftliche Produktionsfaktoren (Arbeit, Boden, natürliche Ressourcen, Kapital) zurückgegriffen, da deren semantische Nähe zu Inputs bereits von Zweifel und Heller beschrieben wird[138].

Ein Überblick über die Parameterwahl in der Literatur wird in der Tabelle 4 verschafft. Zudem wird stets die DMU-Klasse angegeben, deren Instanzen miteinander verglichen wurden (Benchmarkobjekte) um aufzuzeigen, zu welchem Maß die jeweiligen Erkenntnisse auf den Benchmark dieser Bachelorarbeit übertragbar sind.

Auffällig ist, dass nahezu alle Autoren die *Anzahl der Mitarbeiter* als einen der Inputs aufführen. Dies ist bereits intuitiv plausibel, denn eine Erhöhung der Mitarbeiteranzahl führt zumindest in bestimmten Grenzen ebenfalls zu einer steigenden Produktion. Aus volkswirtschaftlicher Sicht gehört die Arbeit, bei deren Erbringung das Personal eine maßgebliche Rolle übernimmt, zu den Produktionsfaktoren[139]. Wegen dieser Rolle kann der durch die Mitarbeiteranzahl beeinflussten Arbeit durchaus zugesprochen werden, ebenfalls die Produktion gemäß der DEA-Parameteranforderungen zumindest partiell zu beschreiben. Nichtsdestotrotz merken Siebert und Lorz an, dass Arbeit nicht homogen aufgefasst werden darf[140], da beispielsweise abhängig von ihrer Motivation zwei Mitarbeiter in vergleichbaren Positionen unterschiedlich viel Arbeit erbringen können. Der „DAFNE"-Datenbestand enthält Angaben zum Personalaufwand, der Löhne und Gehälter, die Lohnsteuer, Sozialabgaben, Treueprämien und einiges mehr umfasst[141]. Diese Position ist der Mitarbeiteranzahl wegen der Anmerkung von Siebert und Lorz vorzuziehen wenn davon ausgegangen werden kann, dass ein höherer Lohn sozusagen einen höheren Produktionsbeitrag des Mitarbeiters honoriert. Diese Annahme wird in dieser Arbeit als wahr angesehen, sodass der Personalaufwand als Input der Mitarbeiteranzahl vorgezogen wird.

---

[138] Siehe Zweifel und Heller (1997), S. 231

[139] Siehe Siebert und Lorz (2007), S. 40

[140] Siehe Siebert und Lorz (2007), S. 40

[141] Siehe Zimmermann et al. (2003), S. 29

Autoren, Jahr und Seite	Benchmarkobjekte	Genutzte Inputs	Genutzte Outputs
Kempkes und Pohl (2006), S. 6	Öffentliche Universitäten in Deutschland	- Laufende Ausgaben	- Drittmittel - Zahl der Absolventen - Publikationen
Fritsch und Stephan (2007), S. 61-64	Unternehmen des Verarbeitenden Gewerbes	- Materialaufwendungen - Arbeitskosten - Energiekosten - Kapitalkosten (Abschreibungen + Pacht- und Leasingkosten) - Ext. Dienstleistungen - Weitere produktionsbezogene Inputs	- Umsatz - Netto-Lagerveränderung an Endprodukten
Westermann et al. (1996), S. 78	Sparkassen	- Personaleinsatz (Alternative: effektive Arbeitsstunden) - Filialfläche - Techn. Ausstattung	- bilanzielle Volumenbetrachtung - Erträge aus dem Wertpapier- und Verbundgeschäft
Chu et al. (2008), S. 262-263	Globale Hersteller von Halbleitertechnologie	- Gezeichnetes Kapital - Nettoumlaufvermögen - Langzeitinvestitionen	- Einnahmen vor Steuern - Umsatz
Yadav et al. (2009), S. 3	Energieversorger in Entwicklungsländern	- Gesamtkapazität in Millionen Kilowatt - Mitarbeiteranzahl - Systemausfälle in Milliarden KWh	- Produzierte Energie in Milliarden KWh

Tabelle 4: Überblick über die DEA-Parameterwahl in der Literatur

Drei weitere wichtige Produktionsfaktoren sind der Boden (der unter anderem durch dessen räumliche Ausdehnung beschrieben wird), die für die Produktion genutzten natürlichen Ressourcen und das Kapital (für die Produktion eingesetzte Werkzeuge, Maschinen etc.)[142]. Auch diese Inputs beschreiben wegen deren Stellenwertes als Produktionsfaktoren die Produktion mit. Für Sie gilt ebenfalls die DEA-Parameteranforderung der Vergleichbarkeit nur mit Einschränkungen: So kann z. B. eine Ressource in unterschiedlichen Qualitätsstufen vorliegen. Trotz der Tatsache, dass der Produktionsfaktor „*Boden*" in der Tabelle 4 als „Filialfläche" erwähnt wird, kann er in dieser Arbeit jedoch nicht genutzt werden, da der vorliegende Datenbestand keine Angaben zur Unternehmensfläche bereitstellt. Trotzdem fließt die genutzte Fläche zumindest indirekt in die DEA ein, da die Position „Sachanlagen", wie im übernächsten Absatz gezeigt wird, auch die monetär bewerteten Grundstücke umfasst. Da jedoch Grundstückspreise je nach geografischer Lage stark schwanken, kann aus ihrem Wert kaum auf deren Fläche geschlossen werden.

Im Hinblick auf die *natürlichen Ressourcen* bietet sowohl das Gesamtkostenverfahren als auch der vorliegende Datensatz eine geeignete Position: den Materialaufwand. Die Autoren Dusemond und Kessler führen auf, dass dieser Posten „...den gesamten produktionsbedingten Materialaufwand der Fertigung, einschließlich etwaiger Inventur- und Bewertungsdifferenzen..." umfasst. Auch von Dritten in Anspruch genommene Leistungen werden beschrieben[143]. Somit wird deutlich, dass dieser Posten die natürlichen Ressourcen, wie gefordert, subsumiert jedoch auch Zwischenprodukte beinhaltet. Da alle solche Zwischenprodukte aber zu ihrer eigenen Herstellung den Einsatz natürlichen Ressourcen erfordern, führt dies zu keiner Verzerrung und kann somit als sinnvoll angesehen werden. Da der betrachtete Materialaufwand, wie aus dem Zitat ersichtlich wird, als produktionsbedingt angesehen wird, beschreibt er somit, wie dies für einen DEA-Parameter erforderlich ist, einen Teil des Produktionsprozesses. Wie aus Tabelle 4 zu entnehmen ist, nutzen die beiden Autoren Fritsch und Stephan die „Materialaufwendungen" ebenfalls für ihre Analyse.

Fernerhin gelingt auch eine Betrachtung des *Unternehmenskapitals*: Westermann et al. betrachten in diesem Zusammenhang, wie in Tabelle 4 dargestellt wird, die technische Betriebsausstattung. Gemäß §266 Abs. 2 HGB lässt sich diese aus der Position „Sachanlagen" des „Anlagevermögens" ableiten. Da die Sachanlagen neben durchaus betrachtungswerten Positionen wie „technische Anlagen und Maschinen" und „Grundstücke" auch die Position „geleistete Anzahlungen und Anlagen im Bau", deren Beitrag zur ak-

---

[142] Siehe Siebert und Lorz (2007), S. 40 - 41

[143] Siehe Dusemond und Kessler (2001), S. 98

tuellen Produktion kritisch zu hinterfragen ist, enthält, ist die Nutzung dieser Position jedoch mit Ungenauigkeiten verbunden.

Zudem sei gesagt, dass sowohl die Sachanlagen als auch der Materialaufwand im Allgemeinen als betriebsnotwendig angesehen werden, was deren Nutzung als DEA-Inputs begünstigt[144].

Abschließend ist zu erwähnen, dass die Betrachtung der Abschreibungen-Position aus dem Gesamtkostenverfahren eine Alternative zum Input „Sachanlagen" darstellt und durchaus den Vorteil bietet, Kosten nicht ausschließlich dem Anschaffungsjahr zuzurechnen. Allerdings werden Grundstücke gemäß Schüler meist nicht durch Abschreibungen erfasst[145]. Da diese aber, wie anfangs erwähnt wurde, ein wichtiger Produktionsfaktor sind, werden trotzdem die Sachanlagen als Input verwendet, um die Unternehmensgrundstücke zumindest monetär zu betrachten.

Nachdem nun die drei Inputs der DEA dargestellt wurden, wird nun untersucht, welche Attribute des vorliegenden Datensatzes im Hinblick auf die DEA-Parameteranforderungen als Outputs geeignet sind.

Dabei wird deutlich, dass zwei Autoren den *Umsatz* als ein solches Output vorschlagen. Der Umsatzdefinition von Steger zufolge ergeben sich daraus jedoch zwei Probleme[146]: Zum einen umfasst der Umsatz nicht nur betriebliche, sondern auch sonstige Leistungen, sodass auch Transaktionen betrachtet werden, die produktionsfern sind. Dies widerspricht der Anforderung an die DEA-Parameter.

Das zweite Problem ergibt sich aus der Tatsache, dass lediglich Verkäufe betrachtet werden. Wird ein Produkt also beispielsweise in Periode eins hergestellt aber erst später verkauft, wird der Umsatz und damit der Output nicht verändert. Auf der anderen Seite werden in Periode null erstellte und in Periode eins verkaufte Produkte nicht der Periode null, sondern der Periode eins fälschlicherweise zugerechnet. Diese Probleme lassen sich zumindest teilweise beheben: Das erste Problem erfordert eine Eliminierung der neutralen Erträge, die gemäß Wehrheim und Schmitz beispielsweise betriebsfremd oder außerordentlich sein können[147]. Von den durch die beiden Autoren aufgeführten drei Kategorien finden sich ausschließlich Angaben zu „außerordentlichen Erträgen" im „DAFNE"-Datenbestand. Diese werden jeweils von Outputparameter „Umsatz" subtra-

[144] Siehe Das Wirtschaftslexikon (2011b)
[145] Siehe Schüler (2006), S. 141
[146] Siehe Steger (2010), S. 23-30
[147] Siehe Wehrheim und Schmitz (2009), S. 25-26

hiert. Die fehlende Möglichkeit die beiden anderen Ertragsarten zu eliminieren und die dadurch entstehende Verzerrung müssen an dieser Stelle wegen fehlender Angaben im Datenbestand hingenommen werden.

Zur Adressierung des zweiten Problems wird die Größe „Erhöhung oder Verminderung des Bestandes an fertigen und unfertigen Erzeugnissen" zu dem Ergebnis der vorherigen Rechnung hinzuaddiert (oder sozusagen automatisch subtrahiert, falls diese Größe negativ sein sollte). Das Ergebnis dieser Rechnung wird im Folgenden „*bereinigter Umsatz*" genannt.

Ein weiterer (wenn auch in den meisten Fällen wegen seiner Größe sicherlich nicht sehr bedeutsamer) Output sind die „anderen aktivierte Eigenleistungen". Dabei kann es sich beispielsweise um selbst erstellte Maschinen und damit um Output handeln, die jedoch nicht verkauft, sondern durch das produzierende Unternehmen selbst genutzt werden[148]. Andere möglichen Outputs aus Tabelle 4 werden hingegen nicht betrachtet, weil diese entweder durch den bereinigten Umsatz bereits erfasst sind oder beispielsweise im Falle von „Erträgen aus dem Wertpapier- und Verbundgeschäft" sicherlich in vielen Fällen abseits der betrieblichen Produktion generiert werden.

Zusammenfassend werden nun noch einmal sämtliche Inputs und Outputs als Übersicht aufgeführt:

Inputs

- Personalaufwand (in tausend Euro) des Betrachtungsjahres
- Materialaufwand (in tausend Euro) des Betrachtungsjahres
- Sachanlagen (in tausend Euro) des Betrachtungsjahres

Outputs

- bereinigter Umsatz (in tausend Euro) des Betrachtungsjahres

  = Umsatzerlöse (in tausend Euro) des Betrachtungsjahres

  - Außerordentliche Erträge (in tausend Euro) des Betrachtungsjahres

  + Erhöhung oder Verminderung des Bestandes an fertigen und unfertigen Erzeugnissen (in tausend Euro) des Betrachtungsjahres

- Andere aktivierte Eigenleistungen (in tausend Euro) des Betrachtungsjahres

---

[148] Siehe Büscher (2008), S. 13

5.2.3 Kriterien zur Datenbereinigung

Wie bereits bei der Beschreibung des „DAFNE"-Datenbestandes angedeutet wurde, ist es nicht ohne Weiteres möglich, die DEA auf die selektierten Parameter der Unternehmen der relevanten Branche anzuwenden. Der Grund dafür besteht darin, dass zahlreiche Parameter mancher Unternehmen aus nicht vom Datenlieferanten genannten Gründen keinen Wert haben. Die Folge einer Anwendung der DEA auf einen solchen Datenbestand wären nicht plausible Werte. Dies lässt sich dadurch begründen, dass eine bestimmte DMU, die denselben Output wie eine andere DMU erzeugt hat, aber dabei (scheinbar) komplett ohne den Input „Personalaufwand" ausgekommen ist, die Effizientere der beiden DMUs ist. An ihr werden dann die anderen DMUs möglicherweise gemessen. Falls aber in Wirklichkeit doch Arbeitskräfte benötigt wurden (was wahrscheinlich ist), dann ist die ausgewiesene Effizienz unbrauchbar. Entsprechende DMUs werden folglich ausgeschlossen, um das Gesamtergebnis nicht zu verfälschen.

Die Datenbereinigung erfolgt mithilfe der WHERE-Klausel der SQL-Abfrage, die dermaßen formuliert wird, dass nicht plausible Datensätze gar nicht erst in die „Base 3"-Ergebnistabelle gelangen.

Dabei werden alle im vorherigen Abschnitt genannten Attribute untersucht und nur solche Unternehmen ausgewählt, deren Personalaufwand, Sachanlagen und Umsatzerlöse einen Wert haben. Fernerhin werden diejenigen Unternehmensdaten als nicht plausibel angesehen und aussortiert, deren Sachanlagen oder Personalaufwand den Wert null haben, da davon ausgegangen wird, dass Unternehmen über Personalkosten und Besitz verfügen müssen. Bei dem Materialaufwand wird die Null als Wert akzeptiert, da insbesondere bei Dienstleistungsunternehmen zumindest denkbar ist, dass diese keinen nennenswerten Materialaufwand verursachen. Bei den „anderen aktivierten Eigenleistungen" wird ebenfalls ein Nullwert toleriert, da Unternehmen die Möglichkeit haben, bei kleinen Beträgen diesen Wert nicht zu berechnen[149].

Fernerhin wird abseits der in dieser Untersuchung verwendeten Parameter noch darauf Wert gelegt, dass die Bilanzsumme des Unternehmens sowohl vorhanden als auch ungleich null ist, da der Gegenfall darauf hindeutet, dass das Unternehmen seine Geschäftstätigkeit eingestellt hat und es folglich keinen Sinn ergibt, dessen Effizienz zu untersuchen.

Die aus den beschriebenen Kriterien resultierende SQL-Abfrage hat folgende Gestalt:

---

[149] Siehe Büscher (2008), S. 13

SELECT "Name des Unternehmens" **AS** "Name", "Personalaufwand (GKV) Tsd EUR 200?" **AS** "Personalaufwand", "Materialaufwand (GKV) Tsd EUR 200?" **AS** "Materialaufwand", "Sachanlagen Tsd EUR 200?" **AS** "Sachanlagen", "Umsatzerlöse (GKV) Tsd EUR 200?" **AS** "Umsatzerloese", "Außerordentliche Erträge Tsd EUR 200?" **AS** "Ausserordentliche_Ertraege", "Erhöhung oder Verminderung des Bestandes an fertigen und unfertigen Erzeugnissen (GKV) Tsd EUR 200?" **AS** "PlusMinusUnfertigeErzeugnisse", "Andere aktivierte Eigenleistungen (GKV) Tsd EUR 200?" **AS** "Andere_aktivierte_Eigenleistungen"

FROM "DAFNE"

WHERE "WZ 2008 - Haupttätigkeit - Code" **LIKE** ?' **AND** "Bilanzsumme Tsd EUR 200?" IS NOT NULL **AND** "Bilanzsumme Tsd EUR 200?" <> 0 **AND** "Personalaufwand (GKV) Tsd EUR 200?" IS NOT NULL **AND** "Sachanlagen Tsd EUR 200?" IS NOT NULL **AND** "Umsatzerlöse (GKV) Tsd EUR 200?" IS NOT NULL **AND** "Sachanlagen Tsd EUR 200?" <> 0 **AND** "Personalaufwand (GKV) Tsd EUR 200?" <> 0

Damit diese Abfrage korrekt funktioniert, müssen alle „200?" durch die gewünschte Jahreszahl ersetzt werden (im Falle der Untersuchung dieser Arbeit „2006") und das Fragezeichen hinter dem „LIKE" durch den Code des gesuchten Geschäftszweiges (die Codes aus Tabelle 3 ohne die Punkte).

Zusätzlich zu der Erläuterung aus Abschnitt 4.2 ist zu sagen, dass die Abfrage die zurückgegebenen Spalten mithilfe des Schlüsselwortes „AS" zur Übersichtlichkeit umbenennt. Bis auf den Output „bereinigter Umsatz" lassen sich alle selektierten Parameter des Abschnittes 5.2.2 in der Abfrage wiederfinden. „Base 3" ermöglicht es, wie sich beim Versuch zeigte, nicht den bereinigten Umsatz direkt in der Abfrage zu errechnen. Der Grund dafür besteht wahrscheinlich darin, dass bei vielen Unternehmen mindestens eins der der drei Bestandteile davon nicht angegeben sind. Um trotzdem den bereinigten Umsatz zu errechnen, wird dieser aus den Umsatzerlösen, außerordentlichen Erträgen und der Bestandsänderung an unfertigen Erzeugnissen im Programm „Calc" durch Zellenaddition und –subtraktion daraufhin automatisch errechnet und die drei nun nicht mehr benötigten Parameter anschließend gelöscht.

An dieser Stelle kann abschließend gesagt werden, dass gemäß der Faustformel „DMU-Anzahl $\geq$ 10*(Anzahl an Outputvariablen + Anzahl an Inputvariablen)" aus dem Abschnitt 5.2.1 die DEA-Anwendung auf die Parameter der Ergebnistabelle nur dann sinnvoll ist, wenn diese Tabelle mindestens 10*(2+3)=50 Einträge beinhaltet. Dies ist bei jedem der drei ausgewählten Wirtschaftszweige der Fall.

5.2.4 Beobachtungsbeschreibung und Methodenanwendung

Nachdem transparent gemacht wurde, wie die als gültig betrachteten Benchmarkingobjekte ermittelt werden, wird nun die DEA auf diese Objekte angewandt. Zuerst werden die drei betrachteten Wirtschaftszweige aber noch beschrieben, um einen Einblick in die dortigen Parameterstrukturen zu erhalten und auch auf diese Weise bereits einen Branchenvergleich zu ermöglichen.

Die arithmetischen Mittel sowie das Minimum und Maximum der ausgewählten Inputs und Outputs der DEA sind in den Tabellen 5 und 6 aufgeführt. Aus Platzgründen wurde in dieser Tabelle auf die erneute Aufführung der Branchenbezeichnung verzichtet, wobei jedoch dieselbe Reihenfolge wie in Tabelle 3 herrscht. Die Nummer eins entspricht z. B. der Branche „Herstellung von Handwerkzeugen".

Nr.	Personalaufwand (in tausend Euro)			Materialaufwand (in tausend Euro)		
	Arith. Mittel	Min.	Max.	Arith. Mittel	Min.	Max.
1	4717,20	1	66496	8116,89	0	93515
2	4316,74	15	34652	9224,64	87	55357
3	88866,78	4	8477000	80854,80	0	4893000

Tabelle 5: Drei Kennzahlen des Personal- und Materialaufwandes der drei betrachteten Branchen

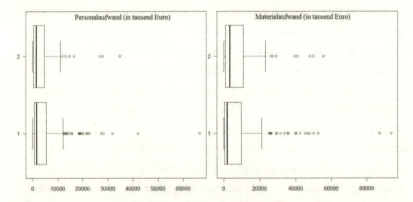

Abbildung 7: Box-Plots des Personal- und Materialaufwandes der beiden Branchen „Herstellung von Handwerkzeugen" und „Herstellung von Büro- und Ladenmöbeln"
Quelle: selbsterstelltes Diagramm

	Sachanlagen (in tausend Euro)			bereinigter Umsatz (in tausend Euro)		
Nr.	Arith. Mittel	Min.	Max.	Arith. Mittel	Min.	Max.
1	2731,03	1	55656	16281,86	135	167157
2	1969,80	3	26746	17131,09	228	105842
3	252906,00	3	22406000	238277,74	91	19103000

Tabelle 6: Drei Kennzahlen der Sachanlagen und des bereinigten Umsatzes der drei betrachteten Branchen

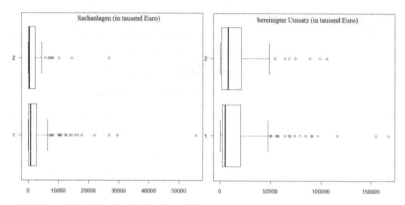

Abbildung 8: Box-Plots der Sachanlagen und des bereinigten Umsatzes der beiden Branchen „Herstellung von Handwerkzeugen" und „Herstellung von Büro- und Ladenmöbeln"
Quelle: selbsterstelltes Diagramm

Zudem werden in den Abbildungen 7 und 8 die Box-Plots der beiden Branchen „Herstellung von Handwerkzeugen" und „Herstellung von Büro- und Ladenmöbeln" aufgeführt, um einen Überblick über die Lage der Beobachtungen zu ermöglichen[150].

Der Output „Andere aktivierte Eigenleistungen" wurde deswegen weder in den Tabellen noch als Diagramm beschrieben, weil bei der Mehrheit der Branchenunternehmen dieser Parameter keine Ausprägung hat. So haben beispielsweise 163 von 200 Unternehmen der Branche „Herstellung von Handwerkzeugen" und damit 81,5 Prozent bei diesem Parameter keinen Wert angegeben. Bei der Branche „Herstellung von Büro- und Ladenmöbeln" sind es etwa 73,7 Prozent und bei der Telekommunikationsbranche ca. 85,1 Prozent. Ob daraufhin auf die Ausprägung null geschlossen werden kann, ist unklar[151]. Unabhängig davon, ob diese Werte null oder unbekannt sind, hätte insbesondere

---

[150] Eine Erläuterung, wie Box-Plots mit „R" erstellt werden können, ist unter folgender Internetadresse auffindbar: http://de.wikibooks.org/wiki/GNU_R:_boxplot

[151] Bei der in dieser Arbeit durchgeführten DEA-Anwendung werden fehlende Attributausprägungen mit dem Wert „null" versehen, da sonst der DEA-Algorithmus fehlschlägt

das arithmetische Mittel für diesen Parameter nur noch einen sehr eingeschränkten Aussagegehalt.

Der Box-Plot des Wirtschaftszweiges „Telekommunikation" wurde deswegen nicht in den beiden Abbildungen aufgeführt, da zu dessen Darstellung die Skaleneinteilung erheblich verändert werden müsste: So ist beispielsweise der Maximalwert des Personalaufwands der Telekommunikationsbranche etwa 127-mal so groß wie der zweitgrößte Wert[152]: 8477000/664 = 127,48. Als Konsequenz der vergleichenden Betrachtung des Box-Plots der Telekommunikationsbranche würden die anderen beiden Box-Plots dermaßen verkleinert, dass diese ebenfalls keinen Aussagegehalt mehr hätten.

Um diesen Wirtschaftszweig trotzdem zu charakterisieren, wird für dessen Parameter zumindest der Median (x_{Med}) und das untere und obere Quartil ($Q_{0,25}$ und $Q_{0,75}$) ermittelt und in Tabelle 7 dargestellt. Diese Kennzahlen werden auch Box-Plots visualisiert[153]. Auf die Untersuchung des Parameters „Andere aktivierte Eigenleistungen" wird aus oben genannten Gründen verzichtet.

Parametername	$Q_{0,25}$	x_{Med}	$Q_{0,75}$
Personalaufwand (in tausend Euro)	268	954	3307
Materialaufwand (in tausend Euro)	199	2600	14621,5
Sachanlagen (in tausend Euro)	48	436	8494
bereinigter Umsatz (in tausend Euro)	1366	7686	21970,5

Tabelle 7: Das untere und obere Quartil und der Median der Telekommunikationsbranche

Die Tabellen 5 und 6 und die beiden Abbildungen lassen sich folgendermaßen deuten: Die Box-Plots jeweils eines Parameters haben eine ähnliche Lage, sodass angenommen werden kann, dass die Mehrheit der Parameterausprägungen der beiden betrachteten Branchen etwa in demselben Bereich liegen. Es ist jedoch auffällig, dass die Branche der Handwerkzeugherstellung wesentlich mehr Ausreißer hat als die Andere. Solche Ausreißer auszusortieren würde jedoch zu einer Verfälschung führen, da beispielsweise die „ALLGAIER WERKE GmbH", die einen solchen Ausreißer darstellen, in allen Parametern erhöhte Ausprägungen haben und folglich wahrscheinlich ein überdurchschnittlich großes aber deswegen nicht unrealistisches Unternehmen sind. Aus Tabelle 7 ist ersichtlich, dass auch die meisten Unternehmen der Telekommunikationsbranche im Vergleich zu deren größten Unternehmen anhand der vier Parameter eher als klein ein-

[152] Entspricht dem Maximalwert des Wirtschaftszweiges „Herstellung von Handwerkzeugen"
[153] Siehe Assenmacher (2003), S. 89

zustufen sind: Die Box des Box-Plots befindet sich also ebenfalls am linken Rand, ist aber sehr klein, da beispielsweise im Falle des bereinigten Umsatzes der rechte Rand der Box im zweiten Tausendstel der möglichen Aufenthaltsfläche liegt (21970,5/ 19103000 ≈ 0,0012). Die Darstellung der Box-Plots brächte folglich keinen Mehrwert. Als Fazit lässt sich festhalten, dass alle drei betrachteten Wirtschaftszweige mehrheitlich aus kleineren Unternehmen bestehen aber auch einige sehr große Akteure umfassen.

Bevor die eigentliche Effizienzberechnung durchgeführt wird, wird nun abschließend in Tabelle 8 aufgrund der Aufgabenstellung verdeutlicht, wie viel Output (=bereinigter Umsatz) pro eingesetztem Euro für die Mitarbeiter (=Personalaufwand) erwirtschaftet wird. Selbiges wird für die beiden anderen Inputs ermittelt. Dies entspricht jeweils den partiellen (Faktor-)Produktivitäten aus Abschnitt 2.2. Die Branchen Nr. bezieht sich erneut auf die Nummerierung aus Tabelle 3.

Branche Nr.	1	2	3
$\dfrac{\text{Bereinigter Umsatz}}{\text{Personalaufwand}}$	3,45 (→ 87%)	3,97 (→ 100%)	2,68 (→ 68%)
$\dfrac{\text{Bereinigter Umsatz}}{\text{Materialaufwand}}$	2,01 (→ 68%)	1,86 (→ 63%)	2.95 (→ 100%)
$\dfrac{\text{Bereinigter Umsatz}}{\text{Sachanlagen}}$	5,96 (→ 68%)	8,70 (→ 100%)	0,94 (→ 11%)

Tabelle 8: Bereinigter Umsatz pro Personalaufwand der drei betrachteten Wirtschaftszweige

Es wurde auf die Nutzung der absoluten Mitarbeiterzahlen verzichtet, da diese im Datenbestand wesentlich seltener angegeben sind als der Personalaufwand. In Klammern ist der Anteil des aktuellen Wertes relativ zum höchsten Wert derselben Zeile angegeben.

Es ist erkennbar, dass eine bloße Betrachtung solcher Verhältnisse keine Aussagen zur Produktivität ermöglicht. Es lässt sich aber erkennen, dass die erste Branche (= Herstellung von Handwerkzeugen) in keinen der drei Fälle die Referenz bildet, während die zweite Branche (Herstellung von Büro- und Ladenmöbeln) in zwei von drei Fällen die höchste partielle Faktorproduktivität aufweist. Bei der dritten Branche fällt auf, dass diese außer bei der letzten Kennzahl Ausprägungen aufweist, die von der Größenordnung mit den Werten der anderen beiden Branchen vergleichbar ist. Dies ist insofern bemerkenswert, als dass zuvor festgestellt wurde, dass die Unternehmen dieses Zweiges im Durschnitt über wesentlich höhere Input- und Outputmengen verfügen. Nichtsdestotrotz scheinen die Verhältnisse aber mit den anderen beiden Wirtschaftszweigen ver-

gleichbar zu sein. Die elf Prozent hingegen bilden diesbezüglich so etwas wie eine Ausnahme und deuten darauf hin, dass die Sachanlagen in dieser Branche wesentlich größer
als der bereinigte Umsatz sind.

Nachdem die drei untersuchten Wirtschaftszweige für diese Arbeit hinreichend charakterisiert wurden, wird nun die DEA auf deren Unternehmen angewandt. Dabei wird gemäß Abschnitt 1.1 sowohl das CCR-Modell (inputorientiert) als auch auf das BCC-
Modell (inputorientiert) herangezogen und somit sowohl den Fall der konstanten als
auch der variablen Skalenerträge betrachtet. Im folgenden Abschnitt 5.3 werden die Ergebnisse weiter veranschaulicht und vergleichbar gemacht.

Der zur Durchführung der Effizienzuntersuchung notwendige R-Code entspricht weit-
gehend dem Code aus Abschnitt 3.4. Es muss lediglich beachtet werden, dass es nun
drei anstatt zwei Inputs gibt. Zudem werden nun bedingt durch den Aufbau des „DAF-
NE"-Datenbestandes die DMUs und deren Attribute durch Zeilen und nicht mehr durch
Spalten repräsentiert, sodass beispielsweise das Attribut „Personalaufwand" folgendermaßen einzulesen ist:

Personalaufwand <- as.numeric(EingeleseneTabelle[,2])

Da es im Vergleich zum Universitätsbeispiel nicht mehr nur sechs DMUs sondern beispielsweise 200 im Falle der Branche „Herstellung von Handwerkzeugen" gibt, müssen
in den Zeilen acht und elf die Zahl „sechs" durch die Zahl aus der vierten Spalte von
Tabelle 3 ersetzt werden, damit nicht nur die ersten sechs DMUs untersucht werden.
Um fernerhin noch durch den Befehl in Zeile 15 jedes Unternehmen mit dessen DEA-
Effizienzwert ausgeben zu können, müssen die Firmennamen durch folgende Operation
erfasst werden:

Firmennamen <- EingeleseneTabelle[,1]

In den Zeilen neun und zwölf muss dann auf *„list(Firmennamen)"* anstatt auf
„c(list(LETTERS[1:6]))" zurückgegriffen werden. Der nun entstehende R-Code ermöglicht die angestrebte Effizienzuntersuchung.

5.3 Ergebnisvisualisierung

Nachdem nun die Branchen charakterisiert und der zur Effizienzuntersuchung notwendige R-Code transparent gemacht wurden, werden in diesem Abschnitt die Ergebnisse
der Untersuchung dargestellt und beschrieben. Zuerst wird dazu in Tabelle 9 dargestellt,
wie viele DMUs mit der maximalen Effizienz es innerhalb der der Branchen insgesamt
gibt. Dabei wurden die Ergebnisse des CCR- und BCC-Modells einzeln betrachtet.

Modell-	Branche 1		Branche 2		Branche 3		
typ	E = 1	$\bar{x}$	E = 1	$\bar{x}$	E = 1	$\bar{x}$	x_{Med}
CCR	11 (6%)	0,64	10 (13%)	0,78	9 (9%)	0,17	0,02
BCC	30 (15%)	0,75	24 (31%)	0,89	22 (21%)	0,39	0,18

Tabelle 9: Anzahl der „Best Performer" je Branche und die durchschnittlichen Effizienzen

In der Spalte „E = 1" wird für jede Branche angegeben, wie viele Unternehmen einen Effizienzwert von Eins aufweisen. Auf eine Aufführung des Medians wurde verzichtet, da dieser sich meist nur ab der zweiten Nachkommastelle leicht vom arithmetischen Mittelwert unterscheidet und folglich in diesem Fall keinen Mehrwert bringt. Eine Ausnahme bildet die Telekommunikationsbranche, bei der sich die Mittelwerte und Mediane signifikant unterscheiden. Dieser Unterschied wird in diesem Abschnitt weiter unten thematisiert.

Aus Tabelle 9 ist zu entnehmen, dass in jeder Branche etwa zehn Prozent aller DMUs gemäß dem CCR-Modell die maximale Effizienz aufweisen. Dabei weist der Zweig „Herstellung von Büro- und Ladenmöbeln" die meisten effizienten Unternehmen auf. Betrachtet man die Ergebnisse des BCC-Modells, fällt auf, dass die absolute Anzahl der effizienten DMUs etwa um den Faktor 2,5 steigt. Dieser Anstieg wurde im Abschnitt 3.2 bereits indirekt vorhergesagt, da die Effizienzwerte bei diesem Modell stets mindestens so hoch sind wie im CCR-Fall, sodass jede DMU, die gemäß des CCR-Modells effizient ist, auch gemäß des BCC-Modells als effizient angesehen wird. Wie im Grundlagenteil ebenfalls thematisiert, bilden diese Unternehmen mit dem Effizienzwert eins sozusagen die Messlatte bzw. die Referenz für die übrigen DMUs.

Die errechneten arithmetischen Mittel steigen aus dem bereits beschriebenen Grund ebenfalls an, sobald das BCC-Modell anstatt des CCR-Modells genutzt wird. Bei den ersten beiden Branchen beträgt dieser Anstieg rund 15 Prozent. Die dritte Branche weist hingegen bedeutsame Abweichungen auf: Zum einen sind die durchschnittlichen Effizienzen wesentlich geringer als die der anderen beiden Zweige und zum anderen beträgt der Anstieg beim Modellwechsel 130 Prozent. Dieses Phänomen ist wahrscheinlich dadurch zu begründen, dass in dieser Branche eine erhebliche Heterogenität der DMUs im Hinblick auf deren Parameterwerte herrscht, wie im vorherigen Abschnitt bereits verdeutlicht wurde. Die Effizienzwerte schwanken ebenfalls sehr stark: Der starke Ausprägungsunterschied ist zumindest gemäß Tabelle 9 darin zu sehen, dass es zwar viele effiziente Unternehmen gibt (schließlich ist deren Anteil mit den Anteilen der anderen beiden Branchen vergleichbar), jedoch zugleich auch noch viel mehr ineffiziente Unternehmen. Der Median als Zentralwert ist dann wahrscheinlich einer dieser sehr kleinen Werte, während der Mittelwert durch die effizienten Unternehmen mit beeinflusst wird. Weitere Untersuchungen in diesem Abschnitt werden diese These überprüfen. Festhalten lässt sich jedoch mithilfe der Durchschnittswerte, dass die Branche „Herstellung von Büro- und Ladenmöbeln" die höchste Effizienz aufweist, was sich auch bereits durch die partiellen (Faktor-)Produktivitäten aus Tabelle 8 angedeutet hat.

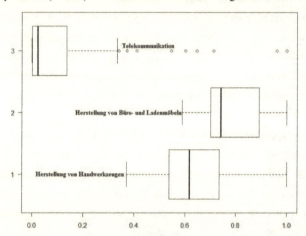

Abbildung 9: Box-Plots der CCR-Effizienzwerte der betrachteten drei Wirtschaftszweige

Quelle: selbsterstelltes Diagramm

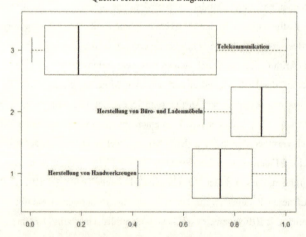

Abbildung 10: Box-Plots der BCC-Effizienzwerte der betrachteten drei Wirtschaftszweige

Quelle: selbsterstelltes Diagramm

Etwa 17 Prozent weniger effizient sind die Unternehmen des Wirtschaftszweiges „Herstellung von Handwerkzeugen", das jedoch durchschnittlich immer noch wesentlich effizienter wirtschaftet als, die Telekommunikationsbranche.

Um die Aussagen des vorherigen Absatzes zu verifizieren und zu vertiefen, werden in den Abbildungen 9 und 10 die Boxplots der drei Zweige im CCR- und BCC-Fall gezeigt.

Es lässt sich leicht erkennen, dass auch die Boxplots die Branchenrangfolge bestätigen: In beiden Fällen liegen die Boxen der zweiten Branchen näher an dem Effizienzwert eins als die der ersten Branche, die wiederum im Hinblick auf die Effizienz die Telekommunikationsbranche dominiert.

Die beiden Diagramme stützen zudem die Vermutungen über den dritten Wirtschaftszweig, die besagen, dass diese Branche besonders heterogen ist und neben einigen wenigen effizienten Unternehmen noch mehr sehr ineffiziente Unternehmen umfasst: In Abbildung 9 ist deutlich zu erkennen, dass die Box und damit 50 Prozent der Effizienzwerte im ersten Fünftel des Wertebereichs liegen. Lediglich einige wenige (durch die Punkte repräsentierten) Ausreißer befinden sich in dem Bereich, der nicht durch die Box und deren Antennen eingenommenen wird. Genau diese Ausreißer, die wegen Ihrer hohen Werte den arithmetischen Mittelwert verhältnismäßig stark beeinflussen, sind dafür verantwortlich, dass der arithmetische Mittelwert einen deutlich höheren Wert annimmt, als der Median.

Die Tatsache, dass alle Boxen in Abbildung 10 näher an dem Wert „eins" liegen als die Boxen in Abbildung 9 war aufgrund der Aussagen zu Tabelle 9 zu erwarten.

Unerwartet war hingegen, dass die Breite aller Boxen ansteigt. Bei den ersten beiden Branchen ist diese Zunahme sehr gering, bei der Telekommunikationsbranche hingegen verfünffacht sich diese Breite. Da die Box gemäß Hartung et al. 50 Prozent der Ergebnisse repräsentiert, bedeutet die Zunahme der Breite eine ansteigende Streuung der jeweils mittleren 50 Prozent der Werte[154]. Im Falle des dritten Wirtschaftszweiges steigt beispielsweise die Varianz von 0,095 auf den Wert 0,151 an, wobei zu beachten ist, dass die Varianz auch von den verbleibenden 50 Prozent der Werte und deren Veränderungen beeinflusst wird.

Um abschließend transparent zu machen, wie die Effizienzwerte sich auf bestimmte Werteintervalle verteilen, werden nun in den Abbildungen 11, 12 und 13 die Histogramme zu diesen Effizienzwerten aufgeführt. Auf der vertikalen Achse sind Prozent-

---

[154] Siehe Hartung et al. 2005, S. 835

angaben aufgeführt. Auf der horizontalen Achse bilden die jeweils benachbarten Zahlen ein rechtsoffenes Intervall. Zudem ist abseits dieses Intervallaufbaus auch immer noch aufgeführt, wie hoch der Anteil der Unternehmen ist, die einen Effizienzwert von Eins aufweisen.

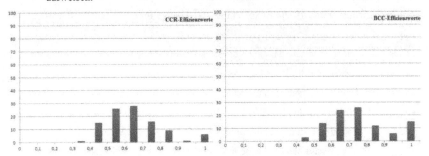

Abbildung 11: Histogramme der CCR- und BCC-Effizienzwerte der Branche „Herstellung von Handwerkzeugen"

Quelle: selbsterstelltes Diagramm

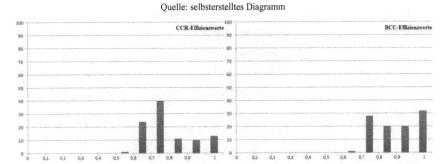

Abbildung 12: Histogramme der CCR- und BCC-Effizienzwerte der Branche „Herstellung von Büro- und Ladenmöbeln"

Quelle: selbsterstelltes Diagramm

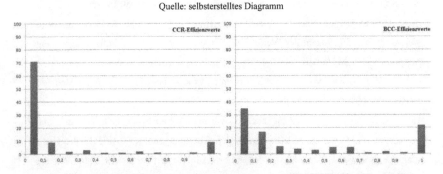

Abbildung 13: Histogramme der CCR- und BCC-Effizienzwerte der Telekommunikationsbranche

Quelle: selbsterstelltes Diagramm

Beispielsweise drückt der zweite Balken im linken Histogramm von Abbildung 11 aus, dass ca. 15 Prozent der Unternehmen ihren Effizienzwert E im Bereich von $0{,}4 \leq E <$ 0,5 haben.

Auch Abbildung 13 bestätigt die Annahme, dass es in der Telekommunikationsbranche einige sehr effiziente Unternehmen gibt, die das arithmetische Mittel ansteigen lassen. Die Histogramme dieser Abbildung erklären fernerhin die starke Breitenzunahme des Boxplots in den Abbildungen 9 und 10. So liegen im ersten Fünftel des Wertebereichs des linken Histogramms etwa 80 Prozent aller DMUs, weswegen auch die Box in diesem Bereich angesiedelt ist. Unter der Annahme variabler Skalenerträge halbiert sich die Anzahl der Unternehmen, die einen Effizienzwert kleiner gleich 0,1 haben. Summiert man nun die Intervall-Prozentsätze „von links nach rechts" sukzessive auf, benötigt man wesentlich mehr Intervalle zum Erreichen von 75 Prozent (entspricht 25 Prozent für die linke Antenne und 50 Prozent für die eigentliche Box). Deswegen wird die Box wesentlich vergrößert und die Varianz steigt an, da die Effizienzwerte nicht mehr mehrheitlich zwischen 0 und 0,2 liegen. Nichtsdestotrotz sind die meisten Unternehmen der Telekommunikationsbranche entweder sehr effizient oder sehr ineffizient.

Die Histogramme zur zweiten Branche bekräftigen noch einmal, dass die meisten Unternehmen dieser Branche eine Effizienz von über 60 Prozent aufweisen. Unternehmen mit Effizienzwerten unter 50 Prozent existieren in diesem Wirtschaftszweig nicht, was zugleich erklärt, wieso diese Branche von allen Betrachteten die höchste Effizienz aufweist.

Während die Balkenhöhen dieser Branche kein besonderes Muster ergeben, ist beim Wirtschaftszweig „Herstellung von Handwerkzeugen" in dem Bereich, indem Ausprägungen vorhanden sind, zuerst ein Anstieg und dann wieder ein Abfall zu verzeichnen. Schließt man die Boxplots mit in die Betrachtung ein, wird ersichtlich, dass die Mehrheit der Effizienzwerte ziemlich genau in der Mitte der Box liegt. Trotz dieses Musters gibt es aber unverhältnismäßig viele Unternehmen, die als DEA-effizient zu betrachten sind. Da es in dieser Branche im Vergleich zur zweiten Branche eine leichte Verschiebung der Effizienzwerte nach links gibt, erklärt es sich, warum sie weniger effizient ist als die zweite Branche.

6. Fazit

Nachdem nun die Ergebnisse der DEA dargestellt und diskutiert wurden, werden in diesem letzten Kapitel die Ergebnisse zusammengefasst, die Schwachstellen der durchgeführten Analyse transparent gemacht und ein Ausblick auf weitere mögliche Untersuchungen verschafft.

So wird in diese Arbeit die Effizienz einiger beispielhafter Branchen mithilfe der DEA auf Grundlage des DAFNE-Datenbestandes untersucht. Dazu wird zuerst die DEA beschrieben und in den Kontext der Linearen Programmierung, der Produktionstheorie und des Benchmarkings eingeordnet. Fernerhin werden u. a. aus den volkswirtschaftlichen Produktionsfaktoren sinnvolle Parameter für die DEA begründet.

Um eine systematische Untersuchung zu ermöglichen, wird ein spezielles Benchmarking-Vorgehensmodell entwickelt und im fünften Kapitel angewandt. Zudem wird beschrieben, wie die frei verfügbare Software „Base 3" und „R" dazu verwendet werden können, eine DEA-Effizienzuntersuchung zumindest partiell zu automatisieren. Dies ist insofern von Bedeutung, da (wie im Abschnitt 4.1 erläutert wurde) der „DAFNE"-Datenbestand mit dessen ca. 200000 Einträgen zahlreiche weitere empirische Untersuchungen ermöglicht. Um diese durchzuführen, genügt es, lediglich den Code des Geschäftszweiges anzupassen.

Als Ergebnis der eigentlichen Effizienzanalyse kann festgehalten werden, dass die Unternehmen der Branche „Herstellung von Büro- und Ladenmöbeln" im Durchschnitt am effizientesten arbeiten, unabhängig davon ob konstante oder variable Skalenerträge unterstellt werden.

Die Unternehmen der Branche „Herstellung von Handwerkzeugen" arbeiten im Allgemeinen etwas weniger effizient, weisen aber dennoch meist einen Effizienzwert über 50 Prozent auf. In beiden Branchen liegen sämtliche Effizienzwerte nah beieinander in der zweiten Hälfte des Wertebereichs. Die Nutzung des BCC-Modells führt zwar zu einer Rechtsverschiebung, ändert die veranschaulichte Struktur aber nicht signifikant. Die Branchen bestehen also aus vielen allersamt ziemlich effizienten Teilnehmern.

Die Effizienzverteilung der DMUs der Telekommunikationsbranche hingegen ist gänzlich anders beschaffen: Die Werte liegen nicht nahezu vollständig in der rechten Hälfte des Wertebereichs, sondern beanspruchen fast den gesamten möglichen Bereich. Insbesondere im CCR-Fall liegt die Mehrheit der Werte im ersten Fünftel des Wertebereiches. Wie in den anderen beiden Zweigen gibt es einige sehr effiziente Unternehmen aber auch einen sehr großen Anteil an sehr ineffizienten Branchenmitgliedern.

6.1 Kritische Würdigung

Allerdings bestehen auch einige Ansatzpunkte zur Kritik der durchgeführten Analyse. Ein solcher Ansatzpunkt sind die genutzten Daten aus dem Datensatz. So ist, wie bereits erwähnt, unklar, warum zahlreiche Attribute keinen Wert besitzen. Die Konsequenz bestand in dieser Arbeit darin, dass einige Datensätze aus der Analyse ausgeschlossen werden mussten, sodass ein (technisch durchaus möglicher und sicherlich auch erwünschter) Überblick über jeweils den gesamten Wirtschaftszweig nicht gelungen ist. Ob die Daten wegen einer Einstellung des Geschäftsbetriebes oder aus anderen Gründen fehlen, ist unklar. Die Qualität der Daten, die unmittelbar die Ergebnisqualität prägt, ist ebenfalls nicht überprüfbar. Deswegen besteht Unklarheit darüber, ob der Datenbestand wirklich alle Unternehmen umfasst, nach welchen Verfahren die Daten ermittelt wurden und damit ob die Daten untereinander vergleichbar sind.

Doch auch abseits der Kritik an der Datenqualität ist sicherlich zudem das gewählte Vorgehen zur Effizienzwertbestimmung zu kritisieren: Darunter fällt zum einen die Kritik an der DEA, die bereits im Abschnitt 3.3 deutlich wurde. Fernerhin ist es problematisch von einem vorhandenen Datensatz auszugehen und auf dessen Grundlage Effizienzwerte zu generieren, da dies stets mit der Herausforderung verbunden ist, dass bestimmte notwendige Daten fehlen. Im letzten Kapitel führte das ganz konkret dazu, dass der als relevant identifizierte Input „Fläche" deswegen nur indirekt analysiert wurde, weil dieser im Datenbestand nicht aufgeführt wird. Sinnvoller wäre es, anfänglich relevante Parameter zu ermitteln und diese anschließend zu recherchieren. Angesichts der riesigen Unternehmensanzahl in Deutschland ist ein solches Vorgehen aber kaum realisierbar.

Eine weitere wichtige Schwachstelle besteht darin, dass die im fünften Kapitel identifizierten DEA-Parameter implizit als allgemeingültig aufgefasst wurden. Um den Besonderheiten der einzelnen Branchen Rechnung zu tragen, müssten für jede Branche einzeln signifikante Inputs und Outputs zu bestimmt werden.

Doch auch die Annahmen wie beispielsweise die Behauptung aus Abschnitt 5.2.2, dass ein Mitarbeiter mit einem höheren Lohn stets mehr leistet als jemand, der weniger ver-

dient, wird sicherlich nicht uneingeschränkt gültig sein, zumal schon im Bundesland-
vergleich dieselbe Arbeit z.T. erheblich unterschiedlich entlohnt wird[155].

Schließlich geben auch die Erkenntnisse zur Telekommunikationsbranche Anlass zur
Kritik: Abseits des Verweises auf die „ineffizienten" Attributausprägungen liefert die
DEA keine wirkliche Begründung dafür, wieso ein dermaßen großer Anteil dieser Branche ineffizient wirtschaftet. Fernerhin stellt sich die Frage, wieso diese ineffizienten Unternehmen nach wie vor am Markt tätig sind (die in Abschnitt 5.2.3 erfolgte Selektion
stellt schließlich sicher, dass insolvente Unternehmen nicht in den Benchmark aufge-
nommen werden), weil unser Wirtschaftssystem eigentlich dermaßen konzipiert ist, dass
ineffiziente Akteure aus dem Marktgeschehen ausscheiden[156]. Geht man nun davon aus,
dass diese Branche in dieser Arbeit nicht angemessen beschrieben wurde, kann dies darin begründet sein, dass die DEA als solche oder lediglich die CCR- und BCC-Modelle
nicht zur Effizienzuntersuchung dieser Branche geeignet sind. Möglicherweise sind
auch die Unternehmen dieser Branche unverhältnismäßig heterogen und für Effizienz-
vergleiche ungeeignet. Doch auch die Datenqualität ist eine denkbare Ursache, sodass
es zweckmäßig sein könnte „Ausreißer", wie von Fritsch und Stephan beschrieben, aus-
zuschließen, was nach Meinung dieser beiden Autoren die Robustheit und Plausibilität
der Ergebnisse steigert[157]. Da deren Vorschläge aber ein Unternehmen als „Black Box"
auffassen, kann deren auf rein quantitativen Angaben beruhender Algorithmus auch real
existierende aber sehr effiziente oder eben sehr ineffizient wirtschaftende Unternehmen
aussortieren. Die verbleibenden Effizienzwerte würden durchaus plausibler erscheinen,
könnten aber „in Wirklichkeit" realitätsfern sein.

6.2 Ausblick

Bei der Recherche und der Anfertigung dieser Arbeit zeigten sich einige sicherlich noch
nicht hinreichend erforschte Einzelheiten im Hinblick auf die Nutzung der DEA zur Effizienzuntersuchung.

Wie im Abschnitt 5.2.2 ersichtlich wird, gibt es zwar zahlreiche Ansätze sinnvolle Inputs und Outputs für die DEA zu begründen, wobei wegen der Heterogenität der Ergebnisse von einem Konsens in der Wissenschaft keine Rede sein kann. Um zukünftige Un-

---

[155] Siehe Spies (2009)

[156] Siehe Frost 2005, S. 30

[157] Siehe Fritsch und Stephan 2007, S. 66

tersuchungen zu erleichtern und vergleichbar gestalten zu können, wäre ein solcher Konsens allerdings erstrebenswert.

Auch konnte in dieser Arbeit die nicht plausibel erscheinende Verteilung der Effizienzwerte der Unternehmen der Telekommunikationsbranche nicht erklärt werden, sodass auch diese Frage ein Ausgangspunkt für zukünftige Untersuchungen sein kann.

Weiterhin lassen sich einige sinnvolle Vorschläge an nicht-wissenschaftliche Akteure formulieren:

Zum einen wäre es wünschenswert, dass das für „DAFNE" verantwortliche Unternehmen Bureau van Dijk die Struktur ihrer Datenbank anpasst: So besteht die Möglichkeit den Datenbestand zu normalisieren[158], sodass die Spalten auf mehrere Tabellen aufgeteilt werden würden. Folglich würde die Übersichtlichkeit bedeutend zunehmen und fernerhin auch nicht nur das Datenbankmanagementsystem „Base 3" zur Datenselektion geeignet sein, sondern beispielsweise auch (wie im Abschnitt 4. erläutert) das ebenfalls frei erhältliche, weitverbreitete und mit Schnittstellen zu R ausgestattete „MySQL".

Doch auch die Open-Source-Community rund um „OpenOffice.org" und „Base 3" sollten die Exportmöglichkeiten ihrer Software weiterentwickeln und möglicherweise zudem die Performanz Ihrer Software steigern, um derartige Effizienzuntersuchungen zu beschleunigen. Plugins für R würden darüber hinaus den sicherlich überflüssigen Umweg über die Tabellenkalkulation „Calc" zur Erstellung der csv-Datei ersparen.

---

[158] Eine Vorgehensbeschreibung findet sich u. a. bei Lusti (2003)

Literaturverzeichnis

Allen, Katrin (2002): Messung ökologischer Effizienz mittels Data Envelopment Analysis. 1. Aufl., Deutscher Universitäts-Verlag, Wiesbaden.

Assenmacher, Walter (2003): Deskriptive Statistik. 3. Aufl., Springer-Verlag, Berlin, Heidelberg, New York.

Banker, Rajiv D. ; Charnes, Abraham; Cooper, William.W. (1984): Some Models For Estimating Technical And Scale Inefficiencies In Data Envelopment Analysis. In: Management Science 9 (30), S. 1078-1092.

Bloech, Jürgen; Bogaschewsky, Ronald; Götze, Uwe; Roland, Folker (2003): Einführung in die Produktion. 1. Aufl., Springer-Verlag, Berlin, Heidelberg, New York.

Bogetoft, Peter; Otto, Lars (2011): Package 'Benchmarking'. http://mirrors.softliste.de/cran/web/packages/Benchmarking/Benchmarking.pdf, Abruf am 2011-07-29.

Bureau van Dijk Electronic Publishing GmbH: DAFNE. http://www.bvdep.com/de/DAFNE.html, Abruf am 2011-08-05.

Büscher, Nadine (2008): Das Management interner Kontrollen nach deutschem und internationalem Recht. 1. Aufl., CT Salzwasser-Verlag GmbH & Co. KG, o. O.

Cantner, Uwe; Krüger, Jens; Hanusch, Horst (2007): Produktivitäts- und Effizienzanalyse - Der nichtparametrische Ansatz. 1. Aufl., Springer-Verlag, Berlin, Heidelberg, New York, Tokyo.

Charnes, Abraham; Cooper, William.W.; Rhodes Edwardo (1978): Measuring the efficiency of decision making units. In: European Journal of Operational Research 2, S. 429-444.

Chiang, Alpha C. (1984): Fundamental Methods of Mathematical Economics. 3. Aufl., Library of Congress Cataloging in Publication Data, ohne Ort.

Chu, Mei-Tai; Shyu, Joesph; Khosla, R. (2008): Measuring the relative performance for leading fabless firms by using data envelopment analysis. In: Springer Science+Business Media berichtet 19, S. 257–272.

Cooper, Wiliam W.; Seiford, Lawrence M.; Tone, Kaoru (2007): Data envelopment analysis - A Comprehensive Text With Models, Applications, References and DEA-solver Software. 2. Aufl., Springer-Verlag, New York.

Das Wirtschaftslexikon (2011a): Benchmarking - das Wirtschaftslexikon.com. http://www.daswirtschaftslexikon.com/d/benchmarking/benchmarking.htm, Abruf am 2011-08-13.

Das Wirtschaftslexikon (2011b): Sachanlagen - das Wirtschaftslexikon.com. http://www.daswirtschaftslexikon.com/d/sachanlagen/sachanlagen.htm, Abruf am 2011-08-11.

Dusemond, Michael; Kessler, Harald (2001): Rechnungslegung kompakt – Einzel- und Konzernabschluß HGB, IAS, US-GAAP. 2. Aufl., Oldenbourg Wissenschaftsverlag, München.

Dyckhoff, Harald (1994): Betriebliche Produktion: Theoretische Grundlagen einer umweltorientierten Produktionswirtschaft. 1. Aufl., Springer-Verlag, Berlin, Heidelberg.

Dyckhoff, Harald; Allen, K. (o. J.): Produktions- und entscheidungstheoretische Begründung der Effizienzmessung mittels Data Envelopment Analysis (DEA). http://www.econbiz.de/archiv1/2008/50623_begruendung_effizienzmessung_data.pdf, Abruf am 2011-09-14.

Fritsch, Michael; Stephan, Andreas (2007): Die Heterogenität der Effizienz innerhalb von Branchen – Eine Auswertung von Unternehmensdaten der Kostenstrukturerhebung im Verarbeitenden Gewerbe. In: Vierteljahrshefte zur Wirtschaftsforschung 3 (76), S. 59-75.

Frost, Jetta (2005): Märkte in Unternehmen - Organisatorische Steuerung und Theorien der Firma. 1. Aufl., Deutscher Universitäts-Verlag, Wiesbaden.

Gutierrez, Michael (2005): Effizienzmessung in Hochschulen - Evaluation von Forschungs- und Lehreinheiten mit der Data Envelopment Analysis. 1. Aufl., Deutscher Universitäts-Verlag, Wiesbaden.

Haas, Florian (2004): Effizienztreiber innovativer Prozesse - Anwendung der Data Envelopment Analysis am Beispiel der elektronischen C-Teile-Beschaffung. 1. Aufl., Deutscher Universitäts-Verlag, Wiesbaden.

Hamacher, Horst W.; Klamroth, Katrin (2006): Lineare Optimierung und Netzwerkoptimierung – Zweisprachige Ausgabe Deutsch Englisch. 2. Aufl., Friedr. Vieweg & Sohn Verlag, Wiesbaden.

Hartung, Joachim; Elpelt, Bärbel; Klösener, Karl-Heinz (2005): Statistik – Lehr- und Handbuch der angewandten Statistik. 14. Aufl., Oldenbourg Wissenschaftsverlag, München.

Hoffmann, Christian (2006): Die Data Envelopment Analysis (DEA) und ihre Anwendungsmöglichkeiten zur vergleichenden Effizienzanalyse im Forstwesen. http://www.wiso.boku.ac.at/fileadmin/_/H73/H733/pub/DA_Diss/2006_Hoffmann.pdf, Abruf am 2011-09-06.

Holland, Heinrich; Holland, Doris (2008): Mathematik im Betrieb - Praxisbezogene Einführung mit Beispielen. 9. Aufl., Betriebswirtschaftlicher Verlag Dr. Th. Gabler, Wiesbaden.

Kempkes, Gerhard; Pohl, Carsten (2006): Zur Effizienz von Hochschulen: Erste Ergebnisse für Deutschland. In: ifo Dresden berichtet 6 (13), S. 3-13.

Klaus, Peter; Krieger, Winfried (2008): Gabler Lexikon Logistik - Management logistischer Netzwerke und Flüsse. 4. Aufl., GWH Fachverlage GmbH, Wiesbaden.

Kleine, Andreas (2002): DEA-Effizienz - Entscheidungs- und produktionstheoretische Grundlagen der Data Envelopment Analysis. 1. Aufl., Deutscher Universitäts-Verlag, Wiesbaden.

Korte, Bernhard; Vygen, Jens (2002): Kombinatorische Optimierung - Theorie und Algorithmen. 1. Aufl., Springer-Verlag, Berlin, Heidelberg.

Luderer, Bernd; Würker, Uwe (2003): Einstieg in die Wirtschaftsmathematik. 5. Aufl., B. G. Teubner Verlag, Wiesbaden.

Lusti, Markus (2003): Dateien und Datenbanken - Eine Anwendungsorientierte Einführung. 4. Aufl., Springer-Verlag, Berlin, Heidelberg, New York.

Mayer, Christoph; Weber, Carsten (2007): Lineare Algebra für Wirtschaftswissenschaftler - Mit Aufgaben und Lösungen. 3. Aufl., Betriebswirtschaftlicher Verlag Dr. Th. Gabler, Wiesbaden.

Microsoft Corporation (2011): Features und Vorteile von Access 2010. http://office.microsoft.com/de-de/access/features-und-vorteile-von-access-2010-HA101809011.aspx, Abruf am 2011-08-08.

MySQL Reference Manuals (2011): 14.2.16. Beschränkungen von InnoDB-Tabellen. http://dev.mysql.com/doc/refman/5.1/de/innodb-restrictions.html, Abruf am 2011-08-08.

Nordmann, Helge (2002): Lineare Optimierung – Ein Rezeptbuch. 2. Aufl., Books on Demand GmbH, Norderstedt.

Puschmann, Norbert O. (2000): Benchmarking: Organisation, Prinzipien und Methoden. 1. Aufl., Books on Demand GmbH, Norderstedt.

Ray, Subhash C. (2004): Data Envelopment Analysis – Theory and Techniques for Economics and Operations Research. http://catdir.loc.gov/catdir/samples/cam041/2003061673.pdf, Abruf am 2011-09-06.

R Documentation (2011): Numeric Vectors. http://rss.acs.unt.edu/Rdoc/library/base/html/numeric.html, Abruf am 2011-09-07.

Riechmann, Christoph; Rodgarkia-Dara, Aria (2006): Regulatorisches Benchmarking - Konzeption und praktische Interpretation. In: Zeitschrift für Energiewirtschaft 30 (3), S. 205-219.

Schefczyk, Michael (1996): Data Envelopment Analysis. In: Management Science 2 (56), S. 167-183.

Schicker, Edwin (2000): Datenbanken und SQL. 3. Aufl., Teubner GmbH, Stuttgart, Leipzig, Wiesbaden.

Schüler, Mirja (2006): Einführung in das betriebliche Rechnungswesen – Buchführung für Industrie- und Handelsbetriebe. 1. Aufl., Physica-Verlag, Heidelberg.

Siebert, Horst; Lorz, Oliver (2007): Internationaler Handel - Theorie und Empirie. 15. Aufl., W. Kohlhammer Verlag, Stuttgart.

Spies, Anne (2002) Lohn-Vergleich: Gehaltswüste Ost. http://www.spiegel.de/unispiegel/jobundberuf/0,1518,655273,00.html, Abruf am 2011-08-21.

Statistisches Bundesamt Deutschland (2008a): Klassifikation der Wirtschaftszweige, Ausgabe 2008 (WZ 2008). http://www.destatis.de/jetspeed/portal/cms/Sites/destatis/Internet/DE/Content/Klassifikationen/GueterWirtschaftklassifikationen/Content75/KlassifikationWZ08,templateId=rendrPrint.psml, Abruf am 2011-08-05.

Statistisches Bundesamt Deutschland (2008b): Klassifikation der Wirtschaftszweige - Mit Erläuterungen. http://www.destatis.de/jetspeed/portal/cms/Sites/destatis/Internet/DE/Content/Klassifikationen/GueterWirtschaftklassifikationen/klassifikationwz2008__erl,property=file.pdf, Abruf am 2011-08-05.

Steger, Johann (2010): Kosten- und Leistungsrechnung - Einführung in das betriebliche Rechnungswesen, Grundlagen der Vollkosten-, Teilkosten-, Plankosten- und Prozesskostenrechnung mit 62 Fallbeispielen und Lösungen der Sutter Maschinenfabrik GmbH sowie 113 Tabellen. 5. Aufl., Oldenbourg Wissenschaftsverlag GmbH, München.

Steinmann, Lukas (2002): Konsistenzprobleme der Data Envelopment Analysis in der empirischen Forschung. http://www.soi.uzh.ch/research/dissertations/steinmann.pdf, Abruf am 2011-09-02.

Stepan, Adolf; Fischer, Erwin O. (2009): Betriebswirtschaftliche Optimierung - Einführung in die quantitative Betriebswirtschaftslehre. 8. Aufl., Oldenbourg Wissenschaftsverlag, München.

Stiglmayr, Michael (2004): Die Bedeutung von Abstandsmaßen in der Data Envelopment Analysis. http://www2.math.uni-wuppertal.de/~stiglmay/pdf/stiglmayr04dea.pdf, Abruf am 2011-09-14.

Thau, Alexander (2009): Benchmarking in öffentlichen Verwaltungen - Theoretische Fundierung und mögliche Weiterentwicklung eines Modernisierungsinstruments. 1. Aufl., Berliner Wissenschafts-Verlag, Berlin.

The R Foundation for Statistical Computing (2011): Available CRAN Packages By Date of Publication. http://mirrors.softliste.de/cran/web/packages/available_packages_by_date.html, Abruf am 2011-08-08.

Tietze, Jürgen (2005): Einführung in die angewandte Wirtschaftsmathematik. 12. Aufl., Vieweg & Sohn Verlag, Wiesbaden.

Unger, Thomas; Dempe, Stephan (2010): Lineare Optimierung – Modell, Lösung, Anwendung. 1. Aufl., Vieweg+Teubner Verlag, Wiesbaden.

Wehrheim, Michael; Schmitz, Thorsten (2009): Jahresabschlussanalyse: Instrumente, Bilanzpolitik, Kennzahlen. 3. Aufl., W. Kohlhammer Druckerei GmbH + Co. KG, Stuttgart.

Westermann, Georg; Pröll, Raimund; Canter, Uwe (1996): DEA - effektives Instrument zur Effizienzmessung. In: Betriebswirtschaftliche Blätter 2, S. 77-83.

Westermann, Herbert (2009): Strategisches Einkaufsmanagement: Das große Handbuch wirksamer Werkzeuge für Industrie, Handel, Verwaltung. 1. Aufl., Books on Demand GmbH, Norderstedt.

Wilken, Robert (2007): Dynamisches Benchmarking - Ein Verfahren auf Basis der Data Envelopment Analysis. 1. Aufl., Deutscher Universitäts-Verlag, Wiesbaden.

Wilkens, Stefan (2007): Effizientes Nachhaltigkeitsmanagement. 1. Aufl., Deutscher Universitäts-Verlag, Wiesbaden.

Yadav, Vinod Kumar; Padhy, Narayana Prasad; Gupta, Harl Om (2009): Assessing the Performance of Electric Utilities of Developing Countries: An Intercountry Comparison Using DEA. In: IEEE 3 (9), S. 1-7.

Zimmermann, Werner; Fries, Hans-Peter; Hoch, Gero (2003): Betriebliches Rechnungswesen. 8. Aufl., Oldenbourg Wissenschaftsverlag, München.

Zimmermann, Werner; Stache, Ulrich H. (2001): Operations-Research - Quantitative Methoden zur Entscheidungsvorbereitung. 10. Aufl., Oldenbourg Wissenschaftsverlag, München, Wien.

Zweifel, Peter; Heller, Robert H. (1997): Internationaler Handel - Theorie und Empirie. 3. Aufl., Physica-Verlag, Heidelberg.

www.ingramcontent.com/pod-product-compliance
Lightning Source LLC
LaVergne TN
LVHW092347060326
832902LV00008B/860